KB040497

캉디드 또는 낙관주의

돋을새김 푸른책장 시리즈 **032**

캉디드 또는 낙관주의

초판 발행 2021년 6월 30일

지은이 | 볼테르
옮긴이 | 권혁
발행인 | 권오현

펴낸곳 | 돋을새김
주소 | 경기도 고양시 일산동구 하늘마을로 57-9 301호 (중산동, K시티빌딩)
전화 | 031-977-1854 팩스 | 031-976-1856
홈페이지 | http://blog.naver.com/doduls 전자우편 | doduls@naver.com
등록 | 1997.12.15. 제300-1997-140호
인쇄 | 금강인쇄(주)(031-943-0082)

ISBN 978-89-6167-305-1 (03160)
Korean Translation Copyright ⓒ 2021, 권혁

값 12,000원

돋을새김
푸른책장
시 리 즈
0 3 2

캉디드 또는 낙관주의

볼테르 지음 | **권혁** 옮김

돋을새김

***

게으른 자를 제외하고 모든 인간은 선하다

볼테르(Voltaire 1694~1778)

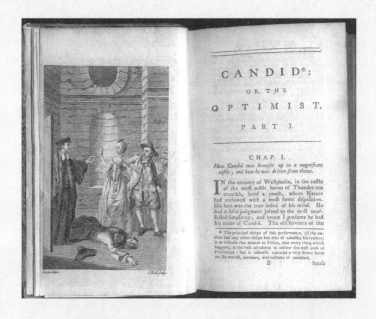

* * *

1762년 영어로 번역된 《캉디드》의 첫페이지. 볼테르의 《캉디드》는 프랑스에서 1759년에 출간되었다. 부제 '낙관주의'에서 알 수 있듯이 루소와 라이프니츠의 예정조화설로 상징되는 낙관주의를 풍자한 철학적 콩트이다.

Candide ou l'optimisme

* * *

볼테르는 법률을 공부했으나 필명으
로 발표한 비극 《오이디푸스》로 극작
가로 명성이 높아졌다. 《자이르》《나
바르의 공주》《중국 고아》, 마지막 작
품 《이렌》에 이르기까지 많은 극작품
을 남겼다.

* * *

볼테르의 연극 《자이르(Zaire)》(1732년)에
서 주인공 역을 한 배우 잔느 카트리나 고
생(Jeanne Catherina Gaussin). 당시 배우
들은 파문당한 사람들로 여겨졌으며 기독
교 의식으로 장례를 치루지도 못하는 신분
이기도 했다.

* * *

바스티유 감옥. 볼테르는 오를레앙 공작 필립 2세의 섭정을 비방했다는 죄로
1717~1718년 감옥에 수감되었다. 바스티유 감옥은 반체제의 정치인들을 가두었
기 때문에 전제정치의 상징으로 여겨졌다. 1789년 바스티유 감옥의 습격을 시작
으로 프랑스 대혁명이 분출되었다.

LA
HENRIADE.
DE
Mr. DE VOLTAIRE.

A LONDRES, MDCCXXVIII.

***

바스티유 감옥에 수감된 볼테르가 발표한 시 《라
앙리아드》와 앙리 4세(Henri Ⅳ 1589~1610).
볼테르는 가톨릭과 개신교의 종교전쟁을 종식시
키기 위해 종교의 자유를 허용한 낭트칙령를 발
표했던 앙리 4세를 칭송하였다. 종교적 갈등에
대한 비판은 《캉디드》에서 시사하는 주제 중의
하나이다.

웨스트민스터 사원에 있는 뉴턴의 묘지(1712년). 볼테르는 영국에 머무는 동안 뉴턴의 과학적 성취에 엄청난 경의를 표했다. 뉴턴을 만나기 위해 그를 찾아갔으나, 뉴턴이 사망한 날이었다.

1737년 뉴턴과 영국의 과학에 대해 정리한 《뉴턴 철학의 요소들》 삽화. 볼테르를 오랫동안 후원한 샤틀레 후작부인이 뉴턴 사상에 대한 통찰력을 내려주는 뮤즈로 묘사되어 있다.

***

1762년 칼라스 사건의 탄핵운동. 1761년 프랑스의 툴루즈에서 '칼라스'라는 신교도가 가톨릭교도들에 의해 살인누명을 쓰고 죽음을 당했다. 볼테르는 이 사건의 맹목적인 종교적 억압을 비판하며 사건의 부당함을 주장했다. 이 사건으로 볼테르는 '관용의 정신'을 실천한 상징적인 사상가로 유명해졌다.

* * *

프로이센의 왕 프리드리히 2세(1712~1786)는 왕
세자 시절 볼테르의 사상에 열광했다.

* * *

볼테르는 프리드리히 2세의 궁전으로 초청을 받아 그곳의 아카데미에서 3년여
머물며 사상적, 학문적 교류를 나누었다. 볼테르는 대왕이 계몽군주가 되리라
희망했다. 플라톤이 시라쿠사의 디오니시오스 2세를 통해 이상국가를 실현하고
자 했던 역할을 프리드리히 2세를 통해 실현할 수 있다고 생각했다.

* * *

1758년 존도르프 전쟁을 지휘하는 프리드리히 2세. 《캉디드》의 배경이 된 잔혹한 전쟁은 7년 전쟁(1756~1763)이다. 훗날 윈스턴 처칠에 의해 '18세기의 세계대전'으로 말해질 정도로 참혹한 전쟁이었다. 발단은 프리드리히 2세와 오스트리아 합스부르크 왕위를 계승한 마리아 테레지아와의 슐레지엔 영유권 쟁탈로부터 시작되어 전 유럽을 휩쓴 전쟁으로 확대되었다.

* * *

볼테르의 페르네성. 영국, 프랑스, 프로이센, 스위스를 전전하던 볼테르
는 1758년 프랑스와 스위스의 접경 근처인 이곳 페르네에 정착할 수 있
었다. 이곳에서 계몽주의 학자들과 《백과전서》 편찬에 참여했다. 여러 편
의 시와 희곡, 소설 등을 발표하고 극장을 세워 자신의 연극을 상연하기
도 했다.

Candide ou l'optimisme

* * *

계몽주의 사상가로 볼테르의 명성이 높아지자 유럽의 귀족, 학자, 종교인 등
지식인들이 페르네로 몰려들어 볼테르는 '페르네의 장로'로 불리기도 했다.

일러두기

1. 이 책은 1918년에 William Fleming이 영역한 Candide를 저본으로 삼고
   Tobias Smollett(1759)의 영역본을 참조했다.

2. 이 책의 이해를 돕기 위해 필요한 부분은 역자 주를 각 장의 뒷부분에 첨가했다.

3. 본문의 삽화는 프랑스의 판화가인 장 미셸 모로(Jean Michel Moreau)의 작품으로
   1787년과 1801년 판본에 수록된 것이다.

차 례 content

차 례 content

차 례 content

제1장

캉디드는 어떻게 멋진 성에서 자랐으며
어떻게 쫓겨나게 되었나

　베스트팔렌에 있는 툰더텐트론크 남작의 성에는 태생적으로 성품이 온화한 청년이 살고 있었다. 그의 표정에는 그의 영혼이 그대로 드러나 있었다. 그는 순박한 마음과 순수한 생각을 겸비하고 있었으며, 그것이 바로 캉디드Candide[1]라는 이름으로 불리게 된 이유였다. 그 가문의 늙은 하인들은 그가 남작의 누이와 이웃에 살던 훌륭하고 정직한 신사 사이에서 태어난 아들일 것이라고 의심했다. 젊은 아씨는 절대로 그 신사와 결혼하지 않으려고 했는데, 그가 가문의 문장[2]을 겨우 71개까지만 증명할 수 있었고 나머지 가계도는 세월에 씻겨 전부 사라져버렸기 때문이었다.
　남작은 베스트팔렌의 유력한 영주들 중의 한 명이었는데, 그의 성에는 대문이 있을 뿐만 아니라 창문들[3]도 있었기 때문이었다. 심지어 커다란 홀에는 태피스트리[4]까지 걸려 있었다.

그는 종종 사냥개 대신 농장에 있는 개들을 모아 사냥에 나섰으며, 하인들이 사냥꾼의 역할을 했고, 마을의 부목사는 그의 전속 사제였다. 마을 사람들은 모두 그를 '각하'라고 불렀으며, 그가 어떤 이야기를 하든 모두들 웃어주었다.

남작부인의 몸무게는 150킬로그램 가량이었으며, 그런 까닭에 매우 중요한 인물이었으며, 무게 있게 집주인의 역할을 하여 더욱 더 큰 존경을 받았다. 그녀의 딸인 퀴네공드는 17세로 생기 넘치고, 말쑥하며, 포동포동하고, 매력이 있었다. 남작의 아들은 모든 면에서 자기 아버지와 잘 어울리는 것으로 보였다. 철학자인 팡글로스[5]는 그 가문의 가정교사였으며, 어린 캉디드는 나이와 성격에 걸맞게 그의 가르침을 철석같이 믿었다.

팡글로스는 형이상학-신학-우주학-백치학[6]선생이었다. 그는 원인 없는 결과란 없다는 것을 훌륭하게 입증했으며, 가능한 모든 세계들[7] 중에서 최선인 이곳에서 남작의 성이 가장 훌륭하며, 남작의 부인은 가능한 모든 남작부인들 중에서 가장 훌륭하다는 것을 증명했다.

그는 이렇게 말했다.

"모든 것이 현재의 모습 그대로일 수밖에 없다는 사실은 논증

할 수 있습니다. 모든 존재는 무지을 위해 창소되었으며, 모두 다 필연적으로 최선의 목적을 위한 것이기 때문이죠. 잘 관찰해보면, 코는 안경을 걸치기 위해 만들어진 것이고, 그래서 우리는 안경을 쓰는 겁니다. 다리는 스타킹을 위해 만들어졌습니다. 그래서 우리는 스타킹을 신는 겁니다. 바위는 잘라내어 성을 건축하기 위해 만들어졌습니다. 그래서 우리 남작님께서 훌륭한 성을 소유하고 계신 겁니다. 이 지역에서 가장 위대한 남작님께서 가장 훌륭한 곳에 묵어야 하기 때문이지요. 돼지는 먹기 위해 만들어졌습니다. 그래서 우리는 일 년 내내 돼지고기를 먹는 겁니다. 따라서 모든 것이 좋다고 주장하는 사람들은 어리석게 말하고 있는 것입니다. 모든 것이 최선을 위한 것이라고 말해야만 하는 거지요."

캉디드는 그의 말을 주의 깊게 듣고 천진난만하게 믿었다. 비록 직접 말할 용기는 전혀 없었지만, 퀴네공드 양이 무척 아름답다고 생각했기 때문이었다. 그는 텐더텐트론크 남작으로 태어나는 것이 가장 큰 행복이라면, 두 번째로 행복한 것은 퀴네공드 양으로 태어나는 것이고, 세 번째는 그녀를 매일 보는 것이며, 네 번째는 이 지방 전체에서 가장 위대하므로 온세상에서 가장 훌륭한 철학자인 팡글로스 선생님의 말을 듣는 것이라는 결론을 내리고 있었다.

Le Baron ..... voyant cette cause et cet effet ......

Candide. Ch. Ier.

어느 날 성 근처를 산책하던 퀴네공드 양은 그들이 공원이라 부르는 작은 숲의 덤불 사이로 팡글로스 박사가 남작부인의 시녀인 몸집이 작고 까무잡잡하며, 매우 예쁘고 매우 고분고분한 처녀아이에게 실험적인 자연철학을 가르치고 있는 것을 보게 되었다. 과학에 대단히 관심이 많았던 퀴네공드 양은 숨을 죽이고 자신이 목격하게 된 반복적인 실험을 지켜보았다. 그리고 원인과 결과라는 박사의 논거를 명확하게 이해할 수 있었다. 몹시 당황하며 돌아선 그녀는 깊은 생각에 빠졌으며, 배우고 싶다는 욕망에 사로잡히게 되었다. 그녀도 젊은 캉디드에게 '충족 이유'[8]가 될 것이고, 캉디드도 자신에게 '충족 이유'가 될 것이라고 마음속으로 그렸다.

성에 도착할 즈음 캉디드와 마주친 그녀의 얼굴이 빨개졌다. 캉디드의 얼굴도 빨개졌다. 그녀는 머뭇거리는 말씨로 인사를 건넸고, 캉디드는 자신이 무슨 말을 하고 있는지도 모르는 채 대답을 했다. 그 다음날 식사 후에 식탁을 떠난 퀴네공드와 캉디드는 슬그머니 병풍 뒤로 들어갔다. 퀴네공드가 손수건을 떨어뜨렸고 캉디드는 그것을 집어 들었다. 그녀는 은근하게 그의 손을 잡았고, 젊은이는 따뜻하고 다정하고 우아하게 그녀의 손에 키스를 했다. 그들의 입술이 마주쳤고, 그들의 눈이 반짝였으며, 그들의 무릎은 덜덜 떨렸고, 그들의 손은 이리저리 어지럽게 움직였다.

그때 마침 병풍 옆을 지나던 툰더텐트론크 남작이 이 원인과 결과를 보게 되어 캉디드의 엉덩이를 발로 세게 걷어차 성에서 쫓아냈고, 퀴네공드 양은 기절했다. 그녀가 정신을 차리자마자 남작부인은 그녀의 뺨을 세게 후려쳤다. 가능한 모든 성들 중에서 가장 웅장하며 가장 유쾌한 이 성 안의 사람들은 모두 소스라치게 놀랐다.

■ 역주

1. 프랑스어로 '맑다, 어수룩하다, 순진하다'라는 뜻

2. 12세기에 유럽의 기사들은 갑옷을 입은 상태에서 서로를 식별하기 위해 방패에 가문의 상징을 그려넣기 시작했다. 시간이 지날수록 더 많은 상징들이 필요하게 되면서 가문의 문장은 더욱 복잡해졌다. 나중에는 궁정에서 문장관(紋章官 Herald)이라는 관리까지 임명하여 가문의 문장을 등록하고 관리하도록 했다.

3. 중세 유럽에서 창문은 부의 상징이었다. 창문의 개수에 따라 창문세를 걷기도 했다.

4. 숙련된 직공이 색실로 짠 그림을 표현한 직물공예물로 부의 상징이며 가문의 역사를 과시하는 역할을 했다. 1086년경에 11년에 걸쳐 제작된 프랑스의 바이외 태피스트리는 길이가 68미터, 무게가 350킬로그램으로 유네스코 세

계기탄 ⋂ 신으로 지정되있더.

5. 팡글로스Pangloss는 '모든 것'과 '말'을 의미하는 그리스 단어를 조합해 만든 것이다.

6. 백치학nigology은 볼테르가 만들어낸 단어로, 이 분야에서 두각을 나타내기 위해선 그 자신이 진짜 바보가 되어야만 한다. 백치학 최고의 단계에 도달한 사람이 백치학 박사가 될 수 있다. 대단히 칭송받는 직함으로, 아주 적은 수의 사람만이 이 단계에 도달할 수 있다고 한다.—출처: urban dictionary

7. 독일의 철학자 라이프니츠는 현실세계 외에도 수많은 가능세계가 있었고, 신은 가능한 모든 세계를 검토한 후 가장 좋아 보이는 세계를 선택해 창조한 것이라고 했다. 그러므로 신이 창조한 현재의 이 세계가 가장 훌륭하다는 것이다.

8. 라이프니츠가 제창한 충족 이유의 원리. 모든 존재는 저마다 존재하기 위한 충분한 이유가 있다는 것으로, 라이프니츠는 이 원리에 의해 현실세계가 존재하며, 나머지 가능성의 세계는 모순 원리Principle of Contradiction의 세계라고 했다.

제2장
캉디드가 불가리아 군대에서 겪었던 일들

지상의 낙원에서 쫓겨난 캉디드는 어딘지도 모르는 곳을 한참 동안 걸어갔다. 울면서 눈을 들어 하늘을 보다가 고귀한 아가씨들 중에서도 가장 순수한 그녀가 갇혀 있는 가장 멋진 성 쪽으로 자꾸 눈길을 돌렸다. 밥도 먹지 못한 그는 잠을 자기 위해 밭고랑 사이의 땅 한가운데에 누웠고, 함박눈이 내렸다. 다음 날 캉디드는 잔뜩 굳어버린 몸을 억지로 움직여 인근에 있는 발트베르그호프트라브크디크도르프라는 마을을 향해 발을 질질 끌며 걸어갔다. 돈도 없고 배고픔과 피곤에 쩌든 그는 어느 여인숙의 문 앞에 처량하게 멈춰섰다. 그때 푸른 옷을 입은 두 명의 사내가 그를 주시했다.

한 사람이 말했다.

"이보게, 여기 체격 좋은 젊은 친구가 있군. 키도 적당하네."

그들은 캉디드에게 다가가 대단히 정중하게 저녁식사에 초대했다.

캉디드는 매우 조심스러운 태도로 대답했다.

"신사님들, 아주 고마운 일이지만, 저에겐 식사비를 낼 돈이 없습니다."

푸른 옷을 입은 사람들 중 한 명이 말했다.

"아, 선생. 당신처럼 풍채가 좋고 훌륭한 사람은 돈을 내지 않아도 됩니다. 키가 170센티미터 정도 되지요?"

"예, 그렇습니다."

그는 허리를 깊숙이 숙이며 대답했다.

"자자, 자리에 앉으시죠. 식사비는 우리가 지불할 것이고, 게다가 우리는 당신 같은 사람이 돈이 없다는 걸 모른 척하지도 않을 겁니다. 인간은 그저 서로를 돕기 위해 태어난 것이잖소."

"그 말이 맞습니다. 제가 언제나 팡글로스 선생님에게 배웠던 것이죠. 나는 모든 것이 최선을 위한 것이라고 확신합니다."

그들은 그에게 은화 몇 닢를 받아달라고 부탁했다. 그것을 받은 캉디드가 지불 각서를 써주겠다고 하자, 그들은 거절하며 식탁에 자리를 잡고 앉았다.

"당신은 진심으로 사랑하지 않습니까?"

"예, 그렇습니다. 저는 퀴네공드 양을 진심으로 사랑합니다."

신사들 중의 한 명이 말했다.

"그게 아니라, 불가리아의 국왕을 진심으로 사랑하지 않느냐고 묻고 있는 거요."

"그분을 한번도 뵌 적이 없으니, 전혀 그렇지 않습니다."

"뭐요! 그분은 가장 훌륭한 국왕이시오. 그러니 그분의 건강을 위해 한잔 합시다."

'오! 기꺼이 그렇게 하지요."

그리고 그는 술을 마셨다.

"그러면 됐소. 이제 당신은 불가리아의 조력자이며 지원자, 수호자이며 영웅이오. 당신의 운명은 결정되었고 당신의 영광은 확실해졌소."

그들은 즉시 그의 손목에 수갑을 채우고 포병연대로 끌고 갔다. 그곳에서 그는 우로 돌았다가 좌로 돌고, 꽂을대를 뺐다가 집어넣고, 총을 겨냥했다가 쏘고, 행진했다. 그리고 그들은 몽둥이로 서른 대를 때렸다. 다음 날에는 전날보다 훈련을 조금 더 잘하자, 스무 대를 때렸다. 그 다음 날은 열 대만 때렸고, 동료들은 모두 그가 비범한 청년이라고 생각했다.

넋이 빠진 캉디드는 아직도 자신이 어떻게 영웅이 된 것인지 알 수가 없었다. 어느 화창한 봄날, 산책을 떠나기로 결심한 그는 곧장 앞으로 걸어 나아가면서 자신의 행동이 짐승들이 마음대로 다리를 움직이는 것과 마찬가지로 인간의 특권이라고 믿었다.

그가 10킬로미터쯤 걸어가고 있을 무렵, 키가 180센티미터인 네 명의 영웅에게 따라잡혔다. 그들은 그를 묶어 지하감옥으로 끌고 갔고, 연대병력 모두에게 채찍으로 36회씩 맞을 것인지, 아니면 단번에 12개의 총알을 머리에 맞을 것인지를 선택하라고 했다. 그는 인간의 의지는 자유로우니 둘 다 선택하지 않겠다고 대답했지만 아무런 소용이 없었다. 선택을 강요당한 그는 자유라는 신의 선물에 의해 36번의 태형을 받기로 결정했고, 두 번의 태형을 견뎌냈다.

연대는 2,000명으로 구성되어 있었으므로 4,000대를 맞은 셈이었다. 그로 인해 목덜미에서 엉덩이까지 근육과 신경이 온통 밖으로 드러났다. 그들이 세 번째 채찍질을 진행하려 할 때, 더 이상 견딜 수 없었던 캉디드는 차라리 총으로 쏴달라고 애원했다. 그의 간청을 받아들인 그들은 그의 눈을 가리고 무릎을 꿇도록 했다. 그 때 그곳을 지나치던 불가리아 왕이 그가 어떤 죄를 지었는지 물어보았다. 통찰력이 있는 왕은 캉디드에 대해 알게 된 것들로부터 그가 세상물정을 전혀 모르는 어린 형이상학자라는 것을 알아차렸고 자비롭게 사면해주도록 명령했다. 이러한 그의 자비는 모든 신문과 모든 시대에 걸쳐 찬양받게 될 것이었다.

훌륭한 외과의사가 디오스코리데스에게 배운 연화제로 캉디드를 3주만에 치료해 주었다. 불가리아의 왕이 아바르의 왕과 전투를 벌일 무렵에는 이미 새살이 조금 돋아났고 행진할 수 있을 정도가 되었다.

제3장
캉디드는 불가리아 군대를 어떻게 탈출했으며
그 후에는 어떤 일을 겪었을까

그 두 나라의 군대만큼 씩씩하고 말쑥하며, 화려하고 훌륭하게 배치된 군대는 없었다. 트럼펫과 피리, 오보에와 북 그리고 대포는 지옥에서도 들어볼 수 없을 정도의 음악을 연주했다. 제일 먼저 대포가 양쪽 군대에서 약 6천 명을 쓰러뜨렸고, 소총은 이 최선의 세계에 출몰하던 9천에서 1만 명에 이르는 악한들을 모두 없애버렸다. 또한 총검은 수천 명의 죽음을 위한 '충족 이유'가 되었다. 모두 합쳐 3만 명에 이를 정도였다. 철학자답게 와들와들 떨고 있던 캉디드는 이 영웅적인 학살이 벌어지는 동안 최대한 몸을 숨기고 있었다.

마침내 두 나라의 왕이 각자의 진영에 승전가를 부르도록 하는

Candide s'enfuit au plus vite dans un autre village.

Candide, Ch. III.

34

봉안 강디느는 그곳을 떠나 다른 곳에서 원인과 결과를 판단해보기로 결심했다. 그는 산더미처럼 쌓여 있는 시체와 죽어가는 사람들을 지나쳐 이웃 마을에 도착했다. 그곳은 잿더미가 되어 있었다. 불가리아 병사들이 아바르족 마을인 그곳을 전시법규에 따라 불태워버렸던 것이다. 한쪽에선 부상당한 노인들이 피가 흐르는 가슴에 자식들을 꼭 끌어안고 있는 자신의 아내들이 눈앞에서 몰살당하고 있는 것을 지켜보고 있었다. 다른 곳에서는 불가리아 영웅들이 자연적인 욕구를 채운 후 배를 갈라버린 그들의 딸들이 마지막 숨을 거두고 있었다. 불에 반쯤 그을린 또 다른 사람들은 빨리 죽여 달라고 애원하고 있었고, 땅은 잘린 머리와 손과 발들로 온통 뒤덮여 있었다.

캉디드는 급히 다른 마을로 도망쳤다. 불가리아의 마을인 그곳에선 아바르의 영웅들이 똑같은 짓을 벌이고 있었다. 꿈틀거리는 팔다리들을 뛰어넘고 폐허를 가로질러 줄곧 걸어간 캉디드는 마침내 전쟁터를 벗어나게 되었다. 배낭 속에는 식량이 조금 남아 있었고, 퀴네공드 양은 언제나 그의 가슴속에 자리잡고 있었다. 네덜란드에 도착했을 무렵 식량이 동이 났지만, 이 나라 사람들은 모두 부자이며 모두가 기독교인이라는 말을 들었던 그는 퀴네공드 양의 반짝이는 두 눈 때문에 쫓겨나기 전 남작의 성에 있을 때와 똑같은 대우를 받게 되리라는 것을 의심하지 않았다.

그는 근엄한 표정을 짓고 있는 사람들에게 적선을 부탁했다. 그들은 모두 이렇게 구걸을 계속한다면 생계 꾸리는 법을 가르쳐 주는 감화원에 가두겠다고 대답했다.

다음으로 그가 말을 건넨 사람은 사람들이 많이 모인 곳에서 한 시간 내내 자선에 대해 열변을 토하던 사람이었다. 하지만 그 연사는 그를 삐딱하게 바라보며 말했다.

"여기서 무얼 하고 있나? 자네는 이 좋은 뜻에 찬성하는가?"

캉디드는 공손하게 대답했다.

"원인 없는 결과는 있을 수가 없지요. 모든 것이 최선을 위해 필연적으로 연결되고 준비되어 있습니다. 저의 경우엔 나중에 태형을 받기 위해 필연적으로 퀴네공드 양이 있는 곳에서 쫓겨나야 했고, 지금은 밥벌이를 배울 때까지 필연적으로 구걸을 해야만 합니다. 이 모든 것이 다른 것일 수는 없겠지요."

연사가 그에게 말했다.

"이보게, 자네는 교황이 적그리스도일 것이라고 믿나?"

"그런 말은 들어본 적이 없습니다. 하지만 그가 적그리스도이 건 아니건 상관없이 저는 지금 빵을 원합니다."

"너는 먹을 자격도 없어. 저리 가라, 이 거지야. 썩 꺼져, 이 비열한 놈 같으니. 다시는 가까이 다가오지도 마라."

창밖으로 머리를 내밀고 있던 연사의 아내는 교황이 적그리스

두인지를 미식쩍이 하는 사내를 지켜보고 있다가 그의 머리 위로 구정물을 쏟아 부었다. 맙소사! 여성들의 맹신이 이렇게나 난폭하다니!

세례를 받아본 적이 없는 자크라는 선량한 재세례파 교인이 자기 형제들 중의 한 명으로 깃털 없는 두발짐승이며 영혼이 있는 존재가 이처럼 참혹하고도 수치스러운 대접을 받고 있는 것을 지켜보았다. 그는 캉디드를 자신의 집으로 데리고 가 깨끗이 씻도록 하고 빵과 맥주를 먹이고 2플로린을 주었으며 심지어 자신이 네덜란드에서 만들고 있는 페르시아 비단 짜는 법을 가르쳐주겠다고 했다. 캉디드는 그의 발밑에 넙죽 엎드리며 외쳤다.

"팡글로스 선생님께서 이 세상의 모든 것은 최선을 위한 것이라던 말씀이 맞는군요. 저는 검정 외투를 입은 신사와 그의 아내가 했던 몰인정한 행위보다 당신의 지극한 관대함에 더욱 무한한 감동을 느끼니까요."

그 다음 날, 산책을 하던 그는 온몸이 상처딱지로 뒤덮여 있는 어떤 거지와 마주쳤다. 그 거지의 눈은 병들어 있었고, 코끝은 쥐가 파먹은 듯했고, 입은 비틀어져 있었으며, 이빨은 거무튀튀했다. 목이 잔뜩 막혀 있어 발작적인 기침에 고통스러워했고 기침을 할 때마다 이빨을 한 개씩 뱉어냈다.

제4장
캉디드는 어떻게 팡글로스 선생을 찾았으며
그들에겐 어떤 일이 일어났을까

하지만 두려움보다 깊은 동정심을 느낀 캉디드는 정직한 재세
례파 교도인 자크에게 받았던 2플로린을 이 소름끼치는 거지에게
주었다. 그 유령 같은 사내는 캉디드를 뚫어져라 살펴보더니 눈
물을 찔끔 흘리며 그의 목을 껴안으려 했다. 캉디드는 기겁하여
뒤로 물러섰다.

그 비참한 사내가 캉디드에게 말했다.

"맙소사! 자네는 이제 존경하는 팡글로스도 알아보지 못한단
말인가?"

"아니, 그게 무슨 소리요? 이렇게 끔찍한 곤경에 빠져 있는 사
람이 소중한 나의 선생님이라니요! 어떻게 이런 불행한 일을 당

하신 겁니까? 어찌하여 이 세상에서 가장 훌륭한 성을 떠나시게 된 겁니까? 젊은 여성의 본보기이며 자연의 걸작인 퀴네공드 양은 어찌되었습니까?"

"지금은 너무 기운이 없어 서 있을 수조차 없네."

캉디드는 즉시 그를 재세례파 교인의 마구간으로 데려가 빵 한 조각을 건넸다. 팡글로스가 조금 기운을 차리자마자 캉디드가 물었다.

"그런데, 퀴네공드 양은 어찌 되었나요?"

"죽었다네."

그 말을 듣고 캉디드는 기절해버렸다. 팡글로스는 마구간에서 우연히 찾아낸 상한 식초로 그의 정신을 되돌아오게 했다. 캉디드는 다시 눈을 떴다.

"퀴네공드 양이 죽었다구요! 아아, 최선의 세계는 대체 어디에 있단 말입니까? 그런데 어떤 병으로 죽었나요? 그녀의 아버지가 발길질로 그 훌륭한 성에서 나를 쫓아내는 걸 보고, 너무 비탄에 빠져 그랬던 건 아닌가요?"

"아닐세. 불가리아 병사들이 겁탈을 하고 나서 배를 갈라버렸다네. 그놈들은 그녀를 지키려 하던 남작의 머리를 깨뜨려버렸지. 그녀의 어머니인 남작부인의 몸도 산산조각이 났고, 가여운 나의 제자도 그의 누이와 똑같은 방식으로 당했다네. 그들은 성에 쌓여 있는 석재는 하나도 남기지 않았네. 헛간도 물론이고, 양과 오리, 나무도 모두 없애버렸지. 하지만 아바르족이 불가리아 군주를 따르는 이웃의 남작에게 가서 그와 똑같은 일을 저질렀으니 우리도 복수를 한 셈이지."

이 이야기를 듣고 캉디드는 다시 기절했지만 정신이 돌아오자 그다운 이야기들을 모두 늘어놓은 다음 팡글로스가 그처럼 끔찍한 곤경에 빠지게 된 원인과 결과는 물론 그렇게 된 '충족 이유'도 물어보았다.

"안타까운 일이지! 그 원인은 사랑이었어. 인간 종족의 위안이며, 우주의 수호자이며, 지각 있는 모든 존재들의 영혼인 사랑, 무엇과도 바꿀 수 없는 사랑이 원인이었지."

"아아, 마음의 지배자이며, 우리 영혼의 영혼이라는 그 사랑을 저도 압니다. 게다가 사랑은 내게 한 번의 키스와 엉덩이에 스무 번의 발길질 이상의 대가는 치르게 하지 않았죠. 어찌해서 이렇게 아름다운 원인이 선생님께는 그처럼 지독한 결과를 만들어냈던 것일까요?"

팡글로스는 이런 말투로 대답했다.

"오, 사랑하는 캉디드야. 고귀한 남작부인을 모시던 예쁜 하녀 파케트를 기억하느냐? 나는 그 아이의 품에서 낙원의 기쁨을 맛보았지. 바로 그 일이 지금 네가 뚫어지게 지켜보고 있는 이 지옥

같은 고통을 만들어냈던 거야. 그 애는 이런 고통에 감염되어 있었고, 아마 그것 때문에 죽었을 거야. 파케트는 이 선물을 학식이 높은 늙은 수사에게 받았던 거야. 그 사람이 이 병의 근원을 추적했지. 그는 늙은 백작부인에게서 받았고, 백작부인은 어느 기병 대위에게서 받았고, 대위는 후작부인에게서 받았고, 후작부인은 어느 시종에게서, 시종은 어느 예수회 수사에게서 받았고, 그 수사는 수련수사일 때 크리스토퍼 콜럼버스의 동료들 중의 한 명에게서 직접 전해 받았다고 하더군. 어쨌든 나는 아무에게도 전염시키지는 않을 걸세. 지금 죽어가고 있으니까."

캉디드는 외쳤다.

"오, 팡글로스 선생님! 참으로 괴상망측한 계보로군요! 그것의 본래 혈통은 악마가 아닐까요?"

이 위대한 인간이 대답했다.

"전혀 그렇지 않아. 그것은 최선의 세상에선 어쩔 수가 없는, 반드시 필요한 요소이거든. 만약 콜럼버스가 아메리카의 섬에서 생명의 원천을 감염시키면서, 때때로 생식도 방해하며 자연의 위대한 목적을 명확하게 거스르는 이 질병에 걸리지 않았다면 우리는 초콜릿이나 코치닐 염료도 얻지 못했을 거야. 이 전염병이 우리 대륙에서 벌어지는 종교논쟁과 마찬가지로 특정한 지역에 한정되어 있다는 것도 주목해야 하네. 터키인과 인도인, 페르시아인과 중국인, 시암인과 일본인은 이것을 전혀 모르고 있다네. 하지만 몇 세기 내에 그들도 이 병을 알게 될 것이라는 충족 이유가 있다네. 이것은 우리들 사이에서, 특히 여러 국가들의 운명을 결정하는 정직하고 잘 훈련된 용병들로 구성된 위대한 군대에서 엄청나게 퍼지고 있거든. 3만 명의 군대가 똑같은 수의 다른 군대와 싸울 때, 각각의 진영에 약 2만 명의 군인이 매독에 걸려 있다는 것을 장담할 수 있기 때문이지."

"그렇군요. 정말 놀라운 일이군요! 하지만 일단 치료는 받으셔야겠어요."

"허허 참, 돈이 한푼도 없는데 어떻게 치료를 받을 수 있겠나? 게다가 이 세상 어디에도 돈을 내지 않거나 누군가 대신 돈을 내주지 않는다면 피를 뽑거나 관장을 해줄 곳은 없다네."

그의 이 마지막 말에 캉디드는 결심을 하고 자비로운 재세례파 교도인 자크에게 달려가 그의 발밑에 엎드렸다. 그가 자기 친구의 비참한 처지를 애처롭게 하소연하자 선량한 자크는 그 즉시 팡글로스를 자기 집으로 데려왔으며, 자신의 돈으로 치료해 주었다. 팡글로스는 치료를 받으면서 단지 한쪽 눈과 한쪽 귀만 잃게되었다. 팡글로스는 글씨를 잘 쓰고 계산도 잘 했으므로 재세례파 교도인 자크는 그에게 회계장부를 담당하도록 했다. 두 달이 지날 무렵, 사업적인 용무로 리스본에 가야 했던 자크는 두 철학자를 데리고 배를 탔다. 팡글로스는 어떻게 하여 이 세상의 모든 것이 이 이상 더 좋을 수 없는지를 설명했다. 자크는 그의 견해에 동의하지 않았다.

"오히려 인간에게는 약간 타락한 본성이 있는 것 같습니다. 늑대로 태어나지도 않았으면서 늑대가 되어 버렸기 때문이죠. 신은 인간에게 24파운드 대포도 총검도 주지 않았지만 서로를 죽이기 위해 인간은 대포와 총검을 만들었습니다. 이런 근거 속에는 파산뿐만이 아니라 그저 채권자의 권리를 빼앗기 위해 파산자의 재산을 몰수하는 법도 포함시켜야 할 것 같군요."

"그건 모두 절대적으로 필요한 것입니다."

애꾸눈 박사가 대답했다.

"개인적인 불행은 공공의 이익이 되기 때문에 개인적인 불행이 많을수록 보편적인 이익이 더욱 커지게 되는 겁니다."

팡글로스가 이런 식의 주장을 펼치고 있는 동안 하늘이 어두워지고 사방에서 바람이 불어왔다. 배는 리스본 항구가 보이는 곳에서 엄청나게 사나운 폭풍우에 휩쓸려버렸다.

제5장

폭풍우, 난파, 지진. 팡글로스와 캉디드 그리고 재세례파 교인 자크에게는 어떤 일이 일어났을까

배가 심하게 요동치자 상상할 수조차 없는 고통에 거의 죽을 지경이 된 승객들 중의 반은 위험조차 느끼지 못했다. 나머지 반은 비명을 질러대며 기도를 올렸다. 돛은 갈기갈기 찢어지고, 돛대는 부러졌고, 배는 바닥이 갈라졌다. 모두가 분주하게 움직였지만 아무도 소리를 들을 수 없었고, 아무도 지휘할 수 없었다.

야만적인 선원 한 명이 갑판에서 일을 도와주고 있던 재세례파 교인을 난폭하게 때려 눕혀버렸다. 하지만 너무 난폭하게 주먹질을 하다가 제 힘에 겨워 배 밖으로 거꾸로 떨어져 내리다 부서진 돛대의 한 귀퉁이에 매달리게 되었다. 순박한 자크는 그 선원을 구하기 위해 급히 달려가 배 위로 끌어올렸다. 그렇게 힘을 쓰던 자크는 선원이 지켜보는 가운데 바다 속으로 거꾸로 빠져버렸다. 하지만 그 선원은 더 이상 눈길조차 주지 않고 그냥 사라지게 내버려 두었다.

캉디드는 가까이 달려가 잠시 물 위로 떠올랐다 영원히 바다 속으로 사라져 버리는 자신의 은인을 바라보았다. 그는 곧장 바다 속으로 뛰어들려고 했지만 철학자 팡글로스가 가로막으며, 리스본 항만은 그 재세례파 교인이 그곳에서 익사할 수밖에 없도록 만들어졌다는 것을 논증했다. 그가 이 일을 선험적으로 증명하고 있는 동안 배는 침몰해버렸다. 팡글로스와 캉디드 그리고 선량한 재세례파 교인을 익사하게 만든 잔인한 선원 외에는 모두 사라져 버렸다. 그 악당은 헤엄을 쳐 무사히 바닷가에 도착했으며, 팡글로스와 캉디드도 널빤지에 의지해 해안에 도착했다.

어느 정도 정신을 차리게 된 그들은 즉시 리스본을 향해 걸어 갔다. 익사를 모면한 후 조금 남아 있는 돈으로 굶주림은 면할 수 있을 것이라 생각했다. 도시에 거의 다 도착해 은인의 죽음을 애도하고 있을 무렵 그들은 발밑의 땅이 흔들리는 것을 느꼈다.[1] 항구에서는 거품을 일으키며 솟아오른 바닷물이 정박해 있는 배들을 덮치며 산산조각 내버렸다. 불꽃과 재가 뒤섞인 회오리바람이 거리와 광장을 뒤덮자 집들이 쓰러지고, 지붕들이 포장도로 위로 내동댕이쳐졌고, 도로는 산산이 부서져버렸다. 남녀노소를 막론

하고 3만 명의 주민들이 그 폐허 아래 깔려버렸다.

선원이 휘파람을 불면서 여기에 약탈할 것이 있을 것이라고 장담했다.

팡글로스가 말했다.

"이 현상의 '충족 이유'는 무엇일까?"

캉디드가 외쳤다.

"이것이 바로 심판의 날이로군요!"

선원은 죽음을 무릅쓰고 폐허 속으로 달려가 돈을 찾았다. 그는 찾아낸 돈을 들고 가 술을 마시고 취했다. 한잠 자고 술에서 깨면 부서진 집들의 폐허와 죽어가는 사람들과 시체들 사이에서 처음으로 마주치는 선량한 아가씨의 애정을 돈으로 샀다. 팡글로스는 그의 소맷자락을 끌어당겼다.

"이보게, 이건 옳지 않네. 자네는 '보편적 이성'을 거스르는 죄를 짓고 있는 거야. 지금은 그럴 때가 아니라네."

"이런 제기랄! 나는 뱃놈이고 바타비아 출신이야. 일본을 네 번이나 갔는데 그때마다 십자가를 밟고 지나갔거든.[2] 제기랄, 그 보편적 이성 따위가 다 뭐란 말이야."

캉디드는 떨어져 내리는 돌에 맞아 부상을 입었다. 그는 부서진 돌에 파묻혀 길바닥에 누워 있었다.

"아아! 와인과 기름을 조금만 구해주세요. 죽을 것만 같아요."

"이런 땅의 진동은 전혀 새로운 일이 아닐세."

팡글로스가 대답했다.

"아메리카에 있는 리마라는 도시는 지난해에 이와 똑같은 진동을 겪었다네. 똑같은 원인과 똑같은 결과인 거지. 리마에서 리스본까지 땅 밑으로 유황이 연결되어 있는 것이 분명하네."

"그런 것 같긴 하군요."

캉디드가 말했다.

"어쨌든 제발, 기름과 와인을 좀 구해주세요."

"아니, 그런 것 같다니?"

철학자가 대답했다.

"난 지금 그 문제가 논증될 수 있는 것이라고 단언하고 있는 걸세."

캉디드가 기절하자 팡글로스는 가까운 샘에서 물을 떠왔다. 다음 날 그들은 폐허 사이를 샅샅이 뒤져 먹을 것을 찾아냈고, 그것으로 기운을 차리게 되었다. 그 후에 그들은 다른 사람들과 함께 죽음을 모면한 주민들을 구했다. 그들이 구조한 사람들 중 몇 사람이 그처럼 비참한 상황 속에서도 차려낼 수 있는 가장 훌륭한 식사로 그들을 대접했다. 당연하게도 식사는 애처로웠으며, 일행은 눈물로 빵을 적셔야 했다. 하지만 팡글로스는 이런 일들이 다르게 일어날 수는 없었을 것이라고 그들을 납득시키며 위로

했다.

"이 모든 것이 최선을 위한 것이기 때문입니다. 만약 리스본에 화산이 있다면, 다른 곳에는 있을 수가 없습니다. 모든 것이 현재 있는 곳 외의 다른 어떤 곳에는 존재할 수도 없기 때문이죠. 왜냐하면 모든 것이 다 옳은 것이기 때문입니다."

팡글로스 옆에는 검은 옷을 입은 자그마한 사내가 앉아 있었다. 종교재판소에서 죄인을 잡아들이는 포리(捕吏)인 그는 공손하게 그의 말을 가로막으며 말했다.

"그렇다면, 선생은 원죄를 믿지 않는 것이 분명하군요. 만약 모든 것이 최선을 위한 것이라면 타락이나 벌도 없었어야 하는 것이니까요."

팡글로스는 한층 더 공손하게 대답했다.

"귀하께서 넓으신 아량으로 들어주시길 부탁드립니다만, 인간의 타락과 저주는 최선의 세계라는 체계 안에 필연적으로 포함되어 있는 것이기 때문이지요."

"그렇다면, 선생은 자유의지를 믿지 않으신다는 겁니까?"

"귀하께는 죄송한 말씀이지만, 자유의지는 절대적인 필연과 양립합니다. 우리가 자유롭기 위해선 절대적인 필연이 없어서는 안되기 때문이지요. 한마디로 명확한 의지라는 것은…"

팡글로스가 말을 채 마치기도 전에 그 포리는 '포르투' 또는 '오

노브루'니는 포도수를 따르고 있던 자신의 종복에게 고갯짓으로
신호를 보냈다.

■ 역주

1. 리스본의 대지진은 1755년 11월 초에 발생했다.

2. 일본인들은 기독교 신앙에 대한 반감으로 유럽 상인들이 일본으로 들어올
   때 십자가를 밟고 기독교의 모든 상징들을 포기하고 자신들의 종교가 아니
   라고 맹세하도록 강요했다. 조나단 스위프트의 《걸리버 여행기》제11장의
   라퓨타 여행 참조.

제6장
포르투갈 사람들은 더 이상의 지진을 막기 위해
어떻게 훌륭한 화형식을 거행했으며,
캉디드는 어떻게 공개적으로 매질을 당했나

　지진이 리스본의 4분의 3을 파괴해버린 후, 그 나라의 현자들
은 도시의 완전한 파괴를 막기 위한 가장 효과적인 방법은 사람
들에게 멋진 아우토다페[1]를 보여주는 것 외에는 없다고 생각했
다. 코임브라 대학이 사람들을 산 채로 뭉근한 불에 태워 죽이는
장엄한 의식을 치르는 것이 지진을 막는 절대 무오류의 비법이라
고 결정했기 때문이었다.

　그 결정에 따라 자신의 대모와 결혼했다는 죄목으로 비스카야
사람 한 명을 체포하고 닭고기에 집어넣은 베이컨 조각을 버렸다
는 죄목으로 포르투갈 사람 두 명을 잡아들였다. 그들은 식사를
마친 팡글로스와 캉디드도 붙잡아 가두었다. 팡글로스는 자신의

견해늘 이야기했으며 캉디드는 동조하는 태도로 그 이야기를 들었다는 이유였다.

그들은 햇볕이 전혀 들지 않는 몹시 추운 방에 따로따로 갇혔다. 8일 후에 그들은 산베니토[2]를 입고 머리는 종이 주교관으로 장식했다. 캉디드가 걸친 산베니토와 종이 주교관에는 거꾸로 뒤집힌 불꽃과 꼬리와 발톱이 없는 악마들이 그려져 있었다. 하지만 팡글로스의 주교관에 그려진 악마는 꼬리와 발톱이 있었고 불꽃은 똑바로 서 있었다. 그들은 이런 옷을 걸치고 줄지어 걸어갔으며 대단히 애처로운 설교를 들었으며, 곧 이어 훌륭한 교회 음악이 울려 퍼졌다. 캉디드는 그들이 부르는 노래의 박자에 맞춰 매질을 당했다. 베이컨을 안 먹겠다고 했던 사람들은 화형을 당했고, 팡글로스는 관행과는 달리 교수형을 당했다. 바로 그 날 땅에서는 엄청나게 격렬한 진동이 계속되었다.

깜짝 놀라 겁에 질려 자포자기에 빠진 캉디드는 피투성이인 채 덜덜 떨며 혼잣말을 했다.

"만약 이것이 가능한 최선의 세계라면 다른 세계는 과연 어떻다는 것인가? 내가 단지 매질만 당했다면 이미 불가리아 군대에서 경험했던 것이니 견뎌낼 수도 있겠지. 하지만 아, 나의 소중한 팡글로스 선생님! 이 세상에서 가장 위대한 철학자인 당신께서 이유도 모르는 채 교수형을 당하는 것을 보아야만 했습니다! 아,

나의 소중한 재세례파 교인! 이 세상에서 가장 훌륭한 당신은 항구에서 익사했습니다! 오, 퀴네공드 양! 진주처럼 빛나는 당신이 배가 갈라져 죽어야만 했단 말입니까!"

설교를 듣고, 매질을 당하고, 죄를 용서받고, 축복을 받고 제대로 서 있을 수도 없는 채 그런 생각에 빠져 있을 때. 어느 늙은 여인이 다가와 말을 걸었다.

"여보시오 젊은이, 용기를 내서 나를 따라오시오."

■ 역주

1. 아우토다페auto-da-fe는 스페인에서 종교재판을 거쳐 거행하는 화형식이다. 이 아우토타페는 지진 몇 달 후인 1756년 6월 20일에 열렸다.

2. '산 베니토San-benito'는 불꽃과 악마의 형상, 희생자의 얼굴 등이 그려진 겉옷의 일종으로 종교재판소에 의해 사형선고를 받은 사람들이 아우토다페의 화형을 당하러 갈 때 입었던 것이다. 자신들의 과오에 대한 회개를 표명한 사람들은 아래쪽으로 향한 불꽃이 포함된 동일한 종류의 옷을 입었으며, 반면에 유대인이나 마법사 그리고 배교자의 옷에는 앞뒤로 성 안드레의 십자가가 그려져 있었다.

세/상

노파는 어떻게 캉디드를 돌보았으며,
그는 어떻게 사랑하는 사람을 찾았는가

용기가 나지는 않았지만 캉디드는 노파를 따라 허름한 집으로 갔다. 그곳에서 노파는 상처에 바를 연고 한 단지를 주었고, 옷 한 벌이 걸려 있는 아주 깔끔하고 작은 침대를 보여주었다. 그리고 먹을 것과 마실 것을 내주면서 말했다.

"먹고, 마시고, 자도록 하세요. 아토차의 성모님과 파도바의 성 안토니우스님 그리고 콤포스텔라의 성 야고보님이 보호해주실 거예요. 나는 내일 다시 오겠어요."

캉디드는 지금까지 겪었던 모든 고통스러운 일들도 놀라웠지만 이 노파의 자비는 더욱 놀라운 것이어서 노파의 손에 입을 맞추려 했다.

"당신이 입을 맞춰야 할 손은 내 손이 아니에요. 내일 돌아올 테니 연고를 바르고, 음식을 먹고 자도록 하세요."

캉디드는 그동안 끔찍한 일을 너무 많이 겪었음에도 음식을 먹고, 잠을 잤다. 다음 날 아침 노파는 아침식사를 준비해 왔고, 그의 등을 살펴보고 다른 연고를 직접 발라주었다. 마찬가지로 점심식사도 가져 왔고, 밤이 되자 저녁식사를 가지고 왔다. 다음 날에도 똑같은 일들이 그대로 이어졌다.

"당신은 누구십니까?"

캉디드가 말했다.

"누가 당신에게 이처럼 큰 은혜를 베풀도록 하시는 겁니까? 제가 무엇으로 보답을 할 수 있을까요?"

그 선량한 여인은 아무런 대답도 하지 않았고, 저녁에 다시 왔지만 식사는 가져오지 않았다.

"아무 말 하지 말고 저와 함께 가시지요."

그녀는 캉디드의 팔을 잡고 교외로 4백 미터쯤 걸어갔다. 그들은 정원과 수로에 둘러싸인 외딴집에 도착했다. 노파가 자그마한 문을 두드리자 문이 열렸다. 그녀는 비밀계단으로 캉디드를 이끌고 올라가 가구로 가득차 있는 방으로 안내했다. 곧이어 아름다운 무늬로 장식된 소파 위에 캉디드를 남겨두고 문을 닫고 사라졌다. 캉디드는 꿈을 꾸고 있는 것이라고 생각했다. 실제로 지금까지는 불행한 꿈을 꾸었던 것이며, 지금 이 순간이 유일하게 기분 좋은 꿈을 꾸고 있는 것이라고 생각했다.

금세 돌아온 노파는 위엄 있는 자태에 빛나는 보석을 두르고, 얼굴을 베일로 가린 채 몸을 떨고 있는 여인을 부축하느라 애를 쓰고 있었다.

"저 베일을 벗기세요."

노파가 캉디드에게 말했다.

캉디드는 가까이 다가가 머뭇거리며 베일을 들어올렸다. 오! 얼마나 놀라운 순간인가! 그는 '퀴네공드 양을 보고 있는 것이 아닐까?'라고 생각하고 있었는데 실제로 그녀였던 것이다. 온몸에 힘이 빠진 그는 말도 한마디 꺼내지 못한 채 그녀의 발 앞에 쓰러졌다. 퀴네공드는 소파에 쓰러졌다. 노파가 정신이 돌아오게 하는 자극제를 코에 갖다대자 그들은 정신을 차렸고 말문이 트였다. 그들은 한숨과 눈물과 외침이 뒤섞인 비탄에 잠긴 어조로 서로 알아듣지도 못하는 질문과 대답을 주고받기 시작했다. 그들이 소란스럽지 않게 이야기를 나누기를 바랐던 노파는 그들을 남겨두고 그곳을 떠났다.

"정말 당신이란 말인가요?"

캉디드가 말했다.

"당신이 살아 있는 건가요? 당신을 여기 포르투갈에서 만난 겁

Otez ce voile, dit la vieille à Candide.

Ch. VII.

니까? 그렇나면 빵글로스 선생님이 알려준 것처럼 능욕을 당했던 것이 아닙니까? 그들이 배를 가른 것이 아니었단 말입니까?"

"맞아요. 그들이 그런 짓을 저질렀죠."

아름다운 퀴네공드가 말했다. "하지만 그런 두 가지 사건이 언제나 죽음에 이르게 하는 것은 아니죠."

"하지만 당신의 아버지와 어머니는 살해당하셨잖아요?"

"그건 유감스럽게도 엄연한 사실이죠."

퀴네공드는 눈물을 흘리며 대답했다.

"그리고 당신의 오빠는요?"

"오빠도 살해당했어요."

"그런데 당신은 어떻게 포르투갈에 있는 거죠? 그리고 내가 여기에 있다는 건 어떻게 알았나요? 또 어떤 기묘한 사건으로 나를 이 집으로 데려오도록 한 것인가요?"

"모두 다 말해 줄게요. 하지만 무엇보다 먼저 당신의 사연을 들려주세요. 당신이 내게 천진난만하게 키스를 하고 발길질을 당한 이후에 겪었던 모든 일들을 알고 싶어요."

캉디드는 공손하게 그녀의 말에 따랐다. 비록 여전히 놀라 있고, 목소리는 미약하게 떨리고, 등짝은 여전히 고통스러웠지만 그들이 헤어지던 순간 이후로 자신에게 벌어졌던 모든 일들을 아무런 꾸밈없이 들려주었다.

퀴네공드는 눈을 들어 하늘을 바라보았고, 선량한 재세례파 교인과 팡글로스의 죽음에 대해 들을 때는 눈물을 흘렸다. 이야기를 다 듣고 난 후에 캉디드에 이어 자신의 이야기를 들려주었다. 캉디드는 그녀의 눈을 뚫어져라 바라보면서 그녀의 말을 한마디도 놓치지 않고 들었다.

제8장
퀴네공드의 사연

"하늘이 우리의 즐거운 툰더텐트론크 성에 불가리아 군대를 보냈을 때 나는 침대에서 깊이 잠들어 있었어요. 그들은 아버지와 오빠를 살해하고, 어머니를 토막내 죽였어요. 그 광경을 본 내가 기절했다는 것을 알아차린 키가 180센티미터나 되는 불가리아 병사가 나를 겁탈하려 했고, 그래서 정신이 돌아오게 되었어요. 나는 소리를 지르며 버둥거리면서 물어뜯고 할퀴고 그 커다란 불가리아 병사의 눈을 뽑아내려고 했어요. 내 아버지의 성에서 일어났던 일들이 전쟁에서 흔히 있는 일이라는 건 몰랐지요. 내가 저항하자 화가 난 그 잔인한 병사는 단검으로 제 왼쪽 옆구리를 찔렀고 그 상처 자국은 아직도 남아 있답니다."

"아! 그 상처를 보고 싶군요."

캉디드가 순진무구하게 말했다.

"보여 드릴게요. 하지만 지금은 이야기를 계속하게 해주세요."

"그렇게 하세요."

그녀는 자신의 이야기를 이어갔다.

"불가리아군 대위가 들어와서 피투성이가 되어 있는 나를 보았죠. 하지만 그 병사는 전혀 신경 쓰지 않았어요. 그 잔인한 병사의 무례한 행위에 화가 난 대위가 내 몸 위에 있던 그를 단칼에 죽여버렸어요. 그는 내 상처를 치료해주도록 지시한 후 나를 전쟁 포로로 삼아 자신의 숙소로 데리고 갔어요. 나는 몇 벌 되지 않는 그의 셔츠를 빨아주고 그의 식사를 준비해주게 되었어요. 그는 내가 매우 예쁘다고 생각했고, 직접 그렇게 말하기도 했어요. 그는 멋진 외모에 피부는 희고 부드러웠지만 아주 멍청했고 철학도 없는 사람이었어요. 팡글로스 박사님에게 배운 적이 없었다는 건 분명히 알 수 있었죠. 석 달이 지나자 그는 노름으로 돈을 모두 잃고 점점 내게 싫증을 내더니 돈 이사샤르라는 유대인에게 나를 팔아 넘겼어요. 네덜란드와 포르투갈에서 장사를 하는 그 유대인은 여자를 무척이나 밝히는 사람이었어요. 그 유대인이 나를 차지하기 위해 추근댔지만 뜻을 이룰 수는 없었죠. 내가 불가리아 병사에게 당할 때보다 훨씬 더 강하게 저항했거든요. 정숙한 여인이라도 한 번쯤은 겁탈당할 수는 있겠지만 그로 인해 정조 관념은 더욱 강해지거든요. 다루기 쉽게 만들기 위해 그가 나를 이 시골집으로 데리고 온 거예요. 지금까지 툰더텐트론크 성만큼 아름다운 곳은 없을 것이라고 생각했지만, 내 생각이 틀렸다는 것을 알게 되었죠.

어느 날 미사 도중에 나를 본 종교재판소장이 예배를 드리는 동안 나에게 줄곧 추파를 보내더니 사람을 보내 사적인 문제로 이야기를 나누고 싶다고 하더군요. 안내를 받아 찾아간 그의 관저에서 내 가문에 대해 알려주자 내가 할례 받은 유대인을 모신다는 것이 얼마나 품위가 떨어지는 일인지를 설명했어요. 그러더니 돈 이사샤르에게 사람을 보내 나를 나의 주님에게 양도해야 한다고 제안했어요. 왕실의 은행가이며 신망이 있는 돈 이사샤르가 아무런 신경도 쓰지 않자 재판소장은 아우토다페로 협박했습니다. 결국 협박을 받은 나의 유대교도가 거래를 받아들여 이 집과 나를 둘이서 공동소유하기로 한 거예요. 그 유대인은 월요일과 수요일 그리고 안식일인 토요일에 그리고 종교재판소장은 나머지 나흘 동안 나를 소유하는 것이죠. 이 협약이 맺어진지 6개월이 되었어요. 말다툼도 적지 않게 있었어요. 토요일과 일요일 사이의 밤을 두고 과거의 법을 따를 것인지 새로운 법을 따를 것인지를 결정할 수 없었거든요. 나는 지금까지 두 사람 모두 다 거부하고 끝까지 버텼어요. 그래서 여전히 사랑을 받고 있는 것이라고 생각해요.

결국, 지진이라는 천벌을 무마하고 돈 아사샤르를 협박하기 위해 종교재판소장은 기꺼이 아우토다페를 거행했던 거예요. 그는 나를 그 의식에 초대하는 것으로 경의를 표했어요. 나는 아주 좋은 자리에 앉게 되었고, 미사와 사형 집행 사이에 부인들에게는 다과가 제공되었어요. 두 명의 유대인과 자신의 대모와 결혼한 순수한 비스카야 사람이 불에 타죽는 것을 보고 공포에 휩싸여 있었어요. 그런데 산베니토를 걸치고 종이 주교관을 쓴 팡글로스와 닮은 사람을 보았을 때, 어찌나 놀랍고, 경악스럽고, 고통스럽던지! 나는 눈을 비비고 그 사람을 주의 깊게 살펴보았어요. 그분이 교수형을 당하는 걸 보고 기절해버렸어요.

정신을 차리자마자 완전히 벌거벗은 당신을 보았어요. 그건 더 없는 공포와 슬픔과 절망의 순간이었죠! 아주 솔직하게 고백하자면 당신의 피부는 그 불가리아 대위보다 더 하얗고 더 완벽한 혈색이었어요. 그 광경이 나를 더욱 질리게 하고 괴롭게 만들었지요. 나는 비명을 질렀고, '멈춰, 이 야만인들아!' 라고 말하고 싶었지만 목소리가 나오질 않았어요. 사실 나의 외침은 아무런 소용도 없었을 거예요. 잔혹한 매질이 끝난 후 이런 혼잣말을 했어요. '사랑하는 캉디드와 현명한 팡글로스 선생님이 어떻게 리스본에 있으며, 한 사람은 백번의 매질을 당하고, 또 한 사람은 나를 그토록 사랑한다는 종교재판소장에 의해 교수형을 당하게 될 수 있는 거지? 이 세상의 모든 것은 최선을 위한 것이라던 팡글로스 선생님은 나를 가장 가혹하게 속인 것이었구나.'

   그렇게 흥분하고 당황했던 나는 미칠 듯이 괴로워하다가 힘이 소진돼 금방 쓰러져 죽을 것만 같았어요. 내 머릿속에는 온통 이런 생각들로 가득했죠. 내 눈앞에서 살해된 아버지와 어머니와 오빠, 그 추한 불가리아 병사의 오만방자한 행동, 그 자가 칼로 찔렀던 일, 불가리아 대위를 모시던 노예 생활, 끔찍한 돈 아사사르, 혐오스러운 종교재판소장, 팡글로스 박사님의 교수형, 당신의 매질에 맞춰 부르던 성가 미제레레(불쌍히 여기소서), 그리고 무엇보다 내가 당신을 마지막으로 보았던 그 날 병풍 뒤에서 내가 당신에게 했던 키스. 그 후에 그토록 많은 시련을 겪고 난 후에 당신을 다시 내게 보내주신 하느님께 감사하는 마음이 생겼어요. 나는 늙은 하녀에게 당신을 보살펴주고 최대한 빨리 이곳으로 모셔 오라고 했어요. 그녀는 자신의 임무를 완벽하게 처리했어요. 그래서 이렇게 당신을 다시 만나고, 당신의 목소리를 듣고, 당신과 이야기를 나누게 되는 말로 표현할 수 없는 기쁨을 누리게 된 거예요. 지금 무척 배가 고프실 텐데, 나도 아무것도 먹지 못했으니 우선 저녁식사부터 하기로 해요."

두 사람은 함께 식탁에 앉았고, 저녁 식사를 마치고 그 소파에 다시 한 번 자리잡고 앉았다. 그들이 그곳에 앉아 있을 때 돈 이사샤르가 도착했다. 그날은 유대인의 안식일이었으며 이사샤르는 자신의 권리를 누리기 위해, 그리고 자신의 사랑을 고백하기 위해 온 것이었다.

제9장
퀴네공드와 캉디드와 종교재판소장과 유대인에게는
어떤 일이 일어났을까

돈 이사샤르는 바빌론 유수 이래로 이스라엘에서 태어난 사람들 중에서도 가장 성마르고 비열한 유대인이었다.

"아니, 이런! 음란한 기독교도 같으니라구, 재판소장만으론 부족하다는 거냐? 이 천한 녀석도 나와 나누어 가지라는 것이냐?"

이렇게 말하면서 그는 언제나 몸에 지니고 다니던 가늘고 긴 칼을 뽑아 들었다. 상대방에게 무기가 없을 것이라고 생각한 그는 캉디드를 향해 맹렬하게 달려들었다. 하지만 우리의 순수한 베스트팔렌 청년은 노파로부터 옷 한 벌과 함께 멋진 칼도 받아 두었다. 온순한 사람이었지만 그도 자신의 칼을 빼들고 그 유대인을 찔러 아름다운 퀴네공드의 발밑에 쓰러뜨렸다.

Sainte Vierge ! s'écria-t-elle qu'allons nous
devenir ? un homme tué chez moi !

Candide Chap. 9.

"아아! 이제 어떻게 하죠? 내 집에서 사람이 죽다니! 치안관이 온다면 우린 끝장이에요."

"팡글로스 선생님이 교수형을 당하지만 않았어도, 그분은 심오한 철학자이니 이런 위급한 상황에서 필요한 가장 훌륭한 조언을 해주셨을 텐데. 하지만 그분이 없으니 노파의 충고를 구하도록 합시다."

노파는 대단히 신중했다. 그녀가 자신의 의견을 말하려고 할 때, 갑자기 또 다른 문이 열렸다. 이제 오전 1시가 되었으니 일요일이 시작된 것이었고, 계약에 따라 종교재판소장의 몫이 되는 날이었다. 방 안에 들어선 그는 매질을 당했던 캉디드가 손에 칼을 들고 있고, 시체가 방바닥에 있으며, 퀴네공드는 겁에 질려 있고, 노파가 충고를 하고 있는 것을 보았다.

바로 그 순간 캉디드의 머릿속에선 순간적으로 이런 생각이 떠올랐다.

'만약 이 성직자가 사람을 부른다면 분명히 나를 화형에 처할 것이고, 퀴네공드 양도 똑같은 일을 당하게 될 것이다. 게다가 이자는 나를 무자비하게 매질하도록 만들었으며, 나의 연적이기도 하지. 이제 나는 손에 피를 묻히기 시작했고 더 이상 머뭇거릴 시간도 없으니 죽여 버려야 해!'

이런 판단은 분명했고 순간적인 것이었으므로 캉디드는 종교재판소장이 정신을 차릴 틈도 없이 칼로 찔러 유대인 옆에 내동 댕이쳐 버렸다.

"다시 한 명을 죽였으니 이제는 절대로 용서를 받지 못하겠군 요. 우리는 파문을 당할 것이고, 우리의 최후가 다가왔군요. 천성 적으로 온순한 당신이 어떻게 2분만에 유대인과 고위성직자를 죽 일 수 있었나요?"

"아름다운 나의 아가씨, 사랑에 빠진 사람이 질투를 하고 종교 재판에서 매질까지 당하면 제정신을 잃게 된답니다."

그러자 노파가 말참견을 했다.

"마구간에 안달루시아 말 세 마리가 있어요. 안장과 고삐도 있 으니 용감한 캉디드 님은 가서 그것들을 준비하세요. 아가씨에겐 돈과 보석들이 있으니, 비록 나는 한쪽 엉덩이가 없지만 말을 타 고 즉시 카디스로 가도록 합시다. 오늘은 날씨가 무척이나 맑으 니 시원한 한밤중에 여행하는 것도 무척이나 즐거울 겁니다."

캉디드는 지체 없이 세 마리 말 위에 안장을 얹었고, 퀴네공드 와 노파와 그는 단숨에 약 50킬로미터를 달려갔다. 그들이 온힘 을 다해 도망가고 있는 동안 거룩한 형제단이 집으로 들이닥쳤 다. 거룩한 종교재판소장은 훌륭한 성당에 매장되었고 유대인의 시신은 거름더미 위에 내던져졌다.

이제 시에라 모레나 산맥의 한가운데에 있는 아바세나라는 조그만 마을에 도착한 캉디드와 퀴네공드와 노파는 마을의 여인숙에서 다음과 같은 이야기를 나누었다.

제10장
캉디드와 퀴네공드와 노파는 어떤 곤경을 겪으며
카디스에 도착하게 되었고 어떻게 배를 타게 되었나

"누가 내 돈과 보석들을 훔쳐 갔을까요?"

눈물범벅이 된 퀴네공드가 말했다.

"앞으로 어떻게 살아야 하죠? 어떻게 해야 할까요? 그런 것을 또 줄 수 있는 종교재판소장이나 유대인은 어디에서 찾아야 하죠?"

"아뿔사!"

노파가 말했다.

"지난밤 바다호스에서 우리와 같은 여인숙에 묵었던 그 프란체스코회 수사가 매우 의심스러워요. 신께서 경솔하게 판단하지 말라고 하셨지만, 그는 우리 방에 두 번 들어왔었고 우리보다 훨씬 먼저 떠났잖아요."

"맙소사!"

캉디드가 말했다.

"팡글로스 선생님은 종종 이 세상의 재물은 모든 사람이 공유하는 것이니 누구나 공평한 권리가 있다고 설명해주셨어요. 하지만 이러한 원칙에 따르자면 그 수사는 우리가 여행을 마치는데 필요한 여비 정도는 남겨 주었어야만 하죠. 퀴네공드 양, 남아 있는 것이 전혀 없다는 것인가요?"

"동전 한닢도 없어요."

"그렇다면 어떻게 해야 하죠?"

"저 말들 중에서 한 마리를 팔아야죠."

노파가 대답했다.

"비록 한쪽 엉덩이로만 타야 하겠지만, 내가 퀴네공드 양의 뒤에 앉도록 하죠. 그러면 카디스에 도착할 수 있을 거예요."

그들과 같은 여인숙에 묵었던 베네딕트 교단의 수도원장이 말 한 마리를 헐값에 사주었다. 캉디드와 퀴네공드와 노파는 루세나, 치야스 그리고 레브리하를 지나 마침내 카디스에 도착했다. 그때 그곳에서는 함대가 출항 준비를 하면서, 병사들을 모으고 있었다. 산사크레멘토시 근처의 인디언 부족을 충동질하여 스페인과 포르투갈의 왕에게 반란을 일으키도록 만든 파라과이의 예수회 신부들에게 도리를 깨우치도록 하기 위한 것이었다. 불가리아 군에서 근무했던 캉디드는 이 작은 군대의 장군 앞에서 불가리아의 군사훈련을 너무나도 우아한 자세와 너무나도 용맹스러운 태도로 민첩하게 시범을 보여 보병중대의 지휘를 맡게 되었다. 이제 대위가 된 그는 곧 퀴네공드 양과 노파와 두 명의 시종 그리고 포르투갈 종교재판소장의 소유였던 안달루시아산 말 두 마리와 함께 항해에 나섰다.

항해를 하는 동안 그들은 불행한 팡글로스의 철학에 대해 많은 이야기를 나누었다.

"지금 우리는 다른 세상으로 가고 있습니다."

캉디드가 말했다.

"그곳은 분명 모든 것이 최선인 세상일 것입니다. 물리적인 면과 도덕적인 면에서 공히 우리가 거쳐 온 세상에는 약간 불평을 할 만한 이유가 있었다는 것은 인정해야겠네요."

퀴네공드가 말했다.

"비록 당신을 진심으로 사랑하지만, 내가 보고 겪었던 일을 생각해보면 아직도 몸서리가 쳐져요."

"앞으로는 모든 일이 잘 될 겁니다."

캉디드가 대답했다.

"이 새로운 세상의 바다는 벌써 우리 유럽의 바다보다 더 좋군요. 더욱 잔잔하고 바람도 한결같잖아요. 신세계는 가능한 세상들 중에서도 최선의 세상일 것이 분명합니다."

"부디 그렇게 되길 바라지만 나는 이 세상에서 너무나도 끔찍한 일들을 당해서 더 나은 세상에 대한 희망은 거의 포기했어요."

그러자 노파가 말했다.

"아니 무슨, 그런 불평을 하시나요. 내가 겪었던 불행의 반이라도 겪었다면 그럴 수도 있겠지만."

퀴네공드는 노파의 말에 웃음을 터뜨릴 뻔했다. 자신보다 더 큰 불행을 겪은 척하는 착한 노파가 무척이나 우스꽝스러웠기 때문이었다.

"아니, 만약 착한 할멈이 불가리아 병사 두 명한테 겁탈당하고, 배에 두 번 깊은 상처를 입고, 두 개의 성이 파괴되는 것을 보고, 눈앞에서 두 명의 어머니가 갈기갈기 찢겨 죽고, 두 명의 연인이 종교재판에서 매질을 당하는 것을 보지 않았다면 어떻게 나보다 더 불행했다고 말할 수 있는지 알 수가 없군요. 게다가 나는 가문의 문장을 72개나 보유하고 있는 남작 집안에서 태어났지만 주방하녀의 신분으로 전락했었잖아요."

그러자 노파가 대답했다.

"아가씨는 아직 저의 가문을 모르시잖아요. 하지만 제 엉덩이를 보여준다면 이런 식으로 말씀하지는 못할 겁니다."

이 말을 듣고 퀴네공드와 캉디드는 부쩍 호기심이 일었고, 노파는 다음과 같은 이야기를 들려주었다.

제11장
노파의 사연

"내 눈동자가 늘 이렇게 흐릿하거나, 코가 턱까지 축 늘어져 있었던 건 아니었어요. 또 처음부터 하녀였던 것도 아니구요. 나는 교황 우르바누스 10세와 팔레스트리나 공주의 딸입니다. 열네 살이 될 때까지 궁전에서 살았어요. 그곳에 있던 성과 비교하자면 독일 남작의 성은 마구간이라고 할 수도 없을 겁니다. 나의 예복 한 벌만으로도 베스트팔렌 지방의 반은 살 수 있었을 겁니다. 나는 아름다움과 지혜와 모든 품위 있는 재능을 갖추면서 즐거움과 존경과 최고의 기대 속에 자랐어요. 그때 이미 남성들이 연정을 품기 시작했죠. 가슴이 모양을 갖추기 시작했는데, 메디치가의 비너스 상처럼 하얗고 우뚝한 그런 모양이었어요. 눈썹은 칠

흑처럼 까맸고, 시인들은 나의 까만 눈동자에서 쏟아져 나오는 불꽃은 별들의 반짝임을 무색하게 만든다고 했어요. 나의 시녀들은 내게 옷을 입혀주고 벗기면서 늘 앞으로 보나 뒤로 보나 황홀해 했어요. 모든 신사들이 내 시녀들의 일을 자신들이 하고 싶어 했습니다.

나는 마스 카라라의 왕자와 약혼했어요. 멋진 분이었죠! 나만큼이나 잘생겼고 상냥하고 유쾌하고 재치 있는 그분은 나에게 푹 빠져 있었어요. 처음으로 사랑에 빠진 사람들이 그렇듯이 나도 한껏 도취되어 그분을 숭배하고 사랑했어요. 엄청나게 화려하고 장엄한 결혼식이 준비되고 있었죠. 축제와 흥청거리는 축하연 그리고 희가극이 줄지어 상연되었어요. 비록 쓸 만한 것은 하나도 없었지만 이탈리아 전역에서 나를 찬양하는 시를 지어 바쳤구요.

그렇게 더없는 행복감에 빠져 있을 때 남편이 될 왕자님의 정부였던 나이 많은 후작부인이 함께 코코아를 마시자며 그분을 초대했어요. 그녀의 집에서 돌아온 지 두 시간도 채 되지 않아서 그분은 끔찍한 경련을 일으키며 죽고 말았어요. 하지만 그건 정말 아무것도 아닌 일이었죠. 나보다 더 심하지는 않았지만 엄청난 절망에 빠진 나의 어머니는 잠시 그 끔찍한 곳을 벗어나 있기로 결정했어요. 어머니에게는 가에타 인근에 매우 멋진 영지가 있었어요. 우리는 로마에 있는 성 베드로의 제단처럼 금으로 장식된 갤리선을 타고 출항했어요. 도중에 모로코 해적들이 급습을 해서 우리 배에 올라탔죠. 우리 배의 군사들은 진정한 교황의 군사답게 자신들을 지키더군요. 스스로 무릎을 꿇고, 무기를 내버리고 그 해적들에게 '임종시(臨終時)'에 사면을 받게 해달라고 빌더군요."

"그 무어인들은 즉시 우리를 완전히 발가벗겨버렸어요. 나의 어머니와 공주의 시녀들 그리고 나 역시 똑같은 일을 당했죠. 그 패거리가 신속하게 옷을 벗기는 건 정말 놀랄 만한 일이었어요. 하지만 나를 가장 놀라게 했던 것은 우리의 신체에서 생리적인 기능만을 하는 그곳에 손가락을 집어넣는 것이었어요. 내게는 그것이 무척이나 기괴한 종류의 의식으로 보이더군요. 세상을 둘러본 적이 없는 사람들은 대개 그렇게 판단하지요. 우리가 다이아몬드를 감추고 있는지를 알아내려고 그런다는 건 나중에 알게 되었죠. 바다를 누비고 다니던 문명국들 사이에서 아주 오랜 옛날부터 정착되어온 풍습이었던 거죠. 매우 신앙심이 깊은 몰타의 기사들도 무어인들을 잡게 되면 남녀 모두에게 그런 검색을 반드시 했다는 것을 알게 되었어요. 그것은 모든 나라가 지키는 법의 일부였고, 절대로 그 법에서 벗어나지는 않았다고 하더군요.

어린 공주가 어머니와 함께 노예가 되어 모로코로 끌려가는 것이 얼마나 괴로운 일이었을지는 말할 필요도 없겠지요. 우리가

Mon capitaine..... tuait tout ce qui s'opposait à sa rage .

Candide , Ch. XI .

ㄱ 해석선에서 어떤 일들을 겪어야 했을지는 쉽게 상상할 수 있을 겁니다. 어머니는 여전히 매우 아름다우셨고, 공주의 시녀들과 몸종들도 아프리카 전체의 그 어느 누구보다 더 아름다웠어요. 나로 말하자면, 매혹적이었고 아름다움 그 자체였으며 게다가 처녀였어요! 하지만 그리 오래 지키지는 못했어요. 잘생긴 마사 카라라의 왕자님을 위해 간직해왔던 그 소중한 꽃을 해적 선장이 꺾어버렸어요. 그는 혐오스러운 흑인이었는데, 자신이 나에게 엄청난 경의를 표했다고 생각하더군요. 팔레스트리나 공주님과 나는 모로코에 도착할 때까지 그 많은 고난과 폭력을 모두 이겨낼 정도로 무척이나 강한 기질이 있었던 건 분명해요. 하지만 그런 평범한 일들은 더 이상 말하지 않으렵니다. 거의 언급할 가치도 없으니까요.

우리가 모로코에 도착했을 때, 그 왕국은 온통 피로 물들어 있었어요. 물레이 이스마일 황제의 아들 50명이 저마다 당파를 하나씩 이끌고 있었어요. 그래서 흑인 대 흑인, 흑인 대 황갈색인, 황갈색인 대 황갈색인, 흑백 혼혈 대 흑백 혼혈 사이에 50번의 내란이 일어났어요. 한마디로 말해, 온 제국이 끊임없는 살육의 무대였던 거죠.

우리가 그곳에 상륙하자마자 선장의 반대 당파인 흑인들이 노획물을 약탈하려고 했어요. 보석과 금 다음으로 우리가 가장 값

비싼 노획물이었지요. 차가운 유럽의 기후에서는 절대 볼 수 없는 그런 전투를 목격했지요. 북쪽 국가의 사람들은 피가 그렇게 뜨겁지도 않고, 아프리카에서는 너무나도 흔한 여자들에 대한 광적인 욕망도 없어요. 유럽 토착민들의 혈관은 우유로만 채워져 있는 것처럼 보이지만, 아틀라스 산맥과 그 인근 국가 거주민들의 혈관에는 황산과 불이 흐르는 것만 같아요. 그들은 누가 우리를 차지해야 하는지를 확인하기 위해 그 지역의 성난 사자와 호랑이 그리고 독사처럼 싸웠어요. 무어인 한 명이 어머니의 오른팔을 붙들고, 해적 선장의 부관이 왼팔을 붙들고, 또 다른 무어인 병사 한 명이 한쪽 다리를 잡고 해적들 중의 한 명이 다른 쪽 다리를 끌어당기고 있었죠.

그렇게 모든 여자들의 사지를 네 명의 남자들이 끌어당기고 있었죠. 선장은 자기 뒤에 나를 숨겨놓고 언월도를 빼들고는 자신에게 달려드는 사람들을 모조리 베어 쓰러뜨렸어요. 결국 모든 이탈리아 여자들과 나의 어머니는 그들을 차지하려고 경쟁하던 극악무도한 자들에 의해 사지가 토막토막 찢겨 모두 몰살되고 말았어요. 노예들과 나의 일행들, 그들을 잡았던 군인, 선원, 흑인, 백인, 흑백 혼혈인들 그리고 마침내는 선장까지 모두 다 죽었고 나는 시체더미 위에서 죽어가고 있었어요. 이런 참혹한 장면들이 전국 어느 곳에서나 벌어지고 있었지만, 그들은 마호메트가 규정

애늙은 하두 다섯 빈의 기도는 절대로 어기지 않았어요.

나는 살육당한 시체더미에서 간신히 벗어나 가까운 시냇가의 커다란 오렌지나무를 향해 엉금엉금 기어가 공포와 피로, 혐오와 절망과 굶주림에 짓눌려 쓰러졌어요. 그리고는 의식이 가물가물 해지면서 잠들었는데, 잠을 잤다기보다 졸도한 것이었어요. 그렇게 기진맥진하여 인사불성인 상태로 생사를 넘나들고 있을 때 내 몸 위로 무언가가 움직인다는 것을 느꼈어요. 눈을 뜨니 선한 인상의 어떤 백인 남자가 한숨을 푹 내쉬며 소리를 죽여 이렇게 말했어요. 'O che sciagura d'essere senza coglioni!(환관으로 산다는 건 얼마나 불행한 일인가!)'"

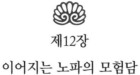

 모국어를 듣게 되어 깜짝 놀라 반갑기도 했고, 그 남자의 말도 적지 않게 놀라운 것이어서 이 세상에는 그가 한탄하는 것보다 훨씬 더 큰 불행들도 많다고 대답했어요. 그동안 겪었던 끔찍한 일들을 짧게 들려주고 나는 다시 기절하고 말았어요. 그는 나를 근처에 있는 집으로 옮긴 다음 침대에 눕히고 먹을 것을 주며 시중을 들면서 위로하고 즐겁게 해주었어요. 그는 세상에서 나보다 아름다운 사람은 본 적이 없다고 하면서 회복이 불가능한 그것을 잃었다는 것이 이렇게 아쉬웠던 적은 없었다고 했어요.

 "내가 태어난 나폴리에서는 해마다 2~3천 명의 어린이들이 거세되고 있습니다. 그들 중 일부는 수술로 죽고, 일부는 여자보다 더 아름다운 목소리를 갖게 되고 또 일부는 나라의 공직에 오르게 되지요. 수술이 아주 잘 되었던 나는 팔레스트리나 공주님의 예배당 음악가였어요."

나는 탄성을 질렀어요.

"내 어머니의 예배당!"

"당신의 어머니라고요?"

그는 갑자기 눈물을 쏟아내며 소리쳤어요.

"당신이 내가 여섯 살 때까지 가르쳤고, 아주 어릴 때부터 지금의 당신처럼 아름다웠던 바로 그 어린 공주님이란 말입니까?"

"맞아요, 어머니는 여기에서 4백 미터쯤 떨어진 곳에 사지가 잘린 시체더미 속에 누워 계세요."

나는 그에게 그동안 겪었던 일들을 모두 말해주었고, 그도 자신의 이야기를 들려주었죠. 그는 어떤 기독교 군주가 이곳의 군주와 조약을 체결하도록 모로코 제국에 파견했다고 하더군요. 조약에 따라 다른 기독교 국가들의 무역을 단절시키기 위해 그는 군사 물자와 선박 등을 공급할 예정이라고 했습니다.

"나의 임무는 끝났어요."

그 정직한 환관이 말했습니다.

"나는 배를 타고 세우타로 갈 예정입니다. 당신을 이탈리아로 모셔다 드리겠습니다. '아, 환관으로 산다는 건 얼마나 불행한 일인가!'"

나는 그가 가여워 눈물을 흘리면서 고맙다고 했지요. 하지만 그자는 나를 이탈리아로 데려가는 대신 알제로 가서 그곳의 태수에게 팔아넘겼어요. 내가 노예로 팔리고 얼마 되지 않아서 아프리카와 아시아 그리고 유럽을 휩쓸던 전염병이 알제에 엄청나게 퍼졌어요. 지진은 겪어 보셨지요? 그런데 전염병에 걸려보신 적은 있나요?

퀴네공드가 대답했다.

"아뇨 없어요."

그 전염병에 걸려보셨다면 그것이 지진보다 훨씬 더 끔찍하다는 걸 인정하실 겁니다. 그 전염병은 아프리카에서는 흔한 것이어서 나도 걸리고 말았어요. 이제 겨우 열다섯 살인 교황의 딸이 겪었던 고통스러운 상황을 상상해보세요. 석 달도 채 되지 않는 시간 동안 가난과 노예생활의 고통을 겪고, 거의 매일 겁탈을 당하고, 자기 어머니의 사지가 찢겨나가는 것을 지켜보고, 굶주림과 전쟁을 겪고 나서 알제에서 전염병에 걸려 죽어가고 있는 것을 생각해보세요. 그런데 나는 죽지 않았지만 그 환관과 태수, 그리고 그 태수의 처첩들은 거의 모두 다 죽어버렸죠.

그 끔찍한 전염병의 첫 번째 유행이 끝나자마자 태수의 노예들은 팔려 나갔어요. 나는 어떤 상인에게 팔려 튀니스로 가게 되었어요. 그곳에서 그는 다른 상인에게 나를 팔았고, 또 그 상인은 트리폴리에서 다른 상인에게 팔았어요. 트리폴리에서 알렉산드리아로 팔리고, 알렉산드리아에서 스머나로 팔리고, 스머나에서 콘스탄티노플로 팔렸어요. 결국 나는 터키 근위대 사령관의 소유가 되었는데, 그는 당시에 러시아가 포위하고 있던 아조프를 지키라는 명령을 받고 곧 떠나게 되었죠.

여자를 무척이나 좋아하는 그 사령관은 처첩을 모두 데리고 가 작은 요새에 가두어놓고, 흑인 환관 두 명과 스무 명의 병사들에게 지키도록 했어요. 터키군은 러시아인들을 엄청나게 많이 죽였지만, 러시아인들도 곧 똑같이 복수를 했죠. 아조프는 불에 타 파괴되었고, 남녀노소 할 것 없이 주민들은 모두 칼에 찔려 죽었어요. 결국 우리의 작은 요새만 남았고 적군은 우리를 굶겨 죽이려고 했어요. 스무 명의 병사들은 절대 항복하지 않겠다는 맹세를 했었죠. 그들은 지독한 굶주림에 굴복하여 자신들의 맹세를 지키지 못하게 될 것이 두려워 어쩔 수 없이 환관 두 명을 먹어치웠어요. 며칠이 지난 후에는 여자들도 잡아먹기로 결정했죠.

그곳에 신앙심이 깊고 인간적인 사람이 있었는데, 그는 이 상황에 대해 아주 훌륭한 설교로 병사들에게 우리를 모두 단번에 죽이지는 말라고 충고했죠.

"저 여자들의 한쪽 엉덩이만 잘라내도 아주 넉넉하게 먹을 수 있을 것이오. 만약 다시 그렇게 해야만 하는 상황이 된다면, 며칠 후에도 똑같이 공급받을 수 있을 것이오. 하느님도 그 자비로운 행동을 받아들여 당신들을 구출해 주실 것이오."

그의 열띤 웅변에 병사들은 설득되었고, 우리는 그 끔찍한 수술을 겪어야 했어요. 그 남자는 할례를 받은 후에 사용하는 진통제를 우리에게 발라 주었고, 우린 모두 다 죽기 직전이었어요.

병사들이 우리가 제공한 식사를 끝내기도 전에 바닥이 평평한 배를 탄 러시아 군인들이 들이닥쳤어요. 병사들은 단 한 명도 도망치지 못했죠. 러시아 군인들은 우리들이 처해 있는 상황에는 아무런 관심도 없었어요. 이 세상 어디에나 프랑스 의사는 있는 법이어서, 그곳에 있던 매우 솜씨 좋은 의사가 우리를 보살펴주고 치료를 해주었어요. 내가 살아 있는 한 잊을 수 없는 일은 내 상처가 낫자마자 그 의사가 내게 청혼을 했었던 것이었어요. 그는 포위공격을 당하는 곳에선 이런 일들이 일어나곤 하는데 전쟁의 법칙에 따른 것이니 우리 모두에게 기운을 내라고 했어요.

우리 일행들이 걸을 수 있게 되자 그들은 그 즉시 모스크바로 떠나야만 했어요. 나는 러시아 귀족의 소유가 되었고, 그는 나를 정원사로 삼았고 하루에 스무 대씩 때렸어요. 하지만 2년 후 그 귀족은 궁정에서 일어난 어떤 음모로 다른 귀족 30명과 함께 산 채로 마차바퀴 밑에 깔려 죽었어요. 나는 그 틈에 달아나 러시아

전역을 떠돌아다녔어요. 리가에서는 오랫동안 여인숙 주인의 하녀였고, 로스토크, 비스마르, 라이프치히, 카셀, 유트레이드, 라이덴, 헤이그, 로테르담에서도 마찬가지였어요. 나는 고난과 치욕 속에 점점 늙어갔고 엉덩이는 한쪽밖에 없지만 교황의 딸이라는 것은 늘 기억하고 있었어요. 골백번도 더 죽어버리려 했지만 여전히 나는 삶을 사랑해요. 이 어리석은 나약함이 어쩌면 우리 인간의 가장 숙명적인 특징들 중의 한 가지일 겁니다. 언제든 내던져 버릴 수 있는 무거운 짐을 끊임없이 지고 있으려는 것보다 더 어리석은 일이 또 있을까요? 혐오하면서도 여전히 생존에 매달리는 것보다 더 어리석은 일이 있을까요? 한마디로 말해, 우리를 먹어치울 독사를 쓰다듬어주면서, 심장을 파먹을 때까지 품에 안고 있는 것보다 더 어리석은 일이 어디에 있을까요?

운명처럼 떠돌아 다녀야 했던 여러 나라들 그리고 하녀로 일했던 수많은 여인숙에서 나는 아주 많은 사람들이 자신이라는 존재를 혐오한다는 것을 알게 되었어요. 하지만 그런 불행을 스스로 끝내버린 사람은 12명밖에 없었죠. 세 명의 흑인, 네 명의 영국인, 네 명의 제네바인 그리고 로베크라는 독일인 교수였어요.

내가 마지막으로 시녀로 머물던 곳이 유대인 돈 이사샤르의 집이었고, 그 사람이 저를 아름다운 아가씨 곁에 머물게 했던 것이죠. 나는 아가씨와 운명을 함께 나누기로 결심했고 내 자신의 불행보다 아가씨의 불행에 더 많은 공감을 갖게 되었어요. 아가씨가 내 감정을 살짝 건드리지만 않았어도, 그리고 배를 타고 가면서 시간을 때우기 위해 이야기하는 풍습이 없었다면, 절대로 나의 불행에 대해선 입밖에 꺼내지 않았을 겁니다. 어쨌든 소중한 나의 아가씨, 나는 이 세상에 대한 지식과 경험이 아주 많습니다. 그러니 기분도 전환할 겸 승객들 모두에게 각자의 사연을 들려달라고 설득해보시기를 권합니다. 만약 자신의 존재를 자주 저주해보지 않았으며, 시시때때로 자신이 이 세상에서 가장 불행한 인간이라고 생각해보지 않은 사람이 단 한명이라도 있다면, 나를 바다에 거꾸로 빠뜨려 버리셔도 좋습니다.

제13장
캉디드는 어떻게 사랑하는 퀴네공드
그리고 노파와 헤어지게 되었나

아름다운 퀴네공드는 노파의 사연을 듣고 그녀의 신분과 가치에 어울리게 한껏 정중한 태도로 대했다. 또한 노파의 제안을 받아들여 모든 승객들에게 한 사람씩 자신들이 겪었던 일들을 이야기해 달라고 청했다. 사람들의 이야기를 들으면서 캉디드와 퀴네공드는 노파의 말이 옳다는 것을 인정했다.

캉디드가 말했다.

"박식한 팡글로스 선생님께서 관례와 달리 종교재판에서 교수형을 당했던 것은 무척이나 애석한 일입니다. 땅과 바다를 뒤덮고 있는 물리적인 악과 도덕적인 악에 관한 놀라운 일들을 얘기해주셨을 것이고, 나도 합당한 예의를 갖춰 약간의 반론을 펼칠 수 있었을 텐데요."

승객들이 각자의 사연을 이야기하는 동안 배는 줄곧 앞으로 나아갔고, 그들은 부에노스아이레스에 상륙했다. 퀴네공드와 캉디드 대위 그리고 노파는 총독인 돈 페르난도 디바라 이 피게오라 이 마스카레네스 이 람푸르도스 이 소우자에게 인사를 올렸다.

이 귀족은 그토록 많은 가문의 이름을 갖고 있는 사람답게 위엄이 있었다. 그는 사람들에게 너무나도 고고하게 경멸을 담아 말했으며, 거만하게 콧대를 올리고, 엄청나게 큰 목소리를 내면서 거들먹거리며 걷는 오만한 태도를 보였다. 그래서 그에게 인사를 하는 사람들은 그를 제대로 두들겨 패주고 싶다는 마음이 들었다.

그의 눈에는 퀴네공드가 지금까지 만났던 사람들 중에서 가장 아름답게 보였다. 그는 제일 먼저 그녀가 캉디드의 아내가 아닌지를 물었다. 그렇게 묻는 그의 태도에서 캉디드는 불안감을 느꼈다. 하지만 실제로 자신의 아내가 아니었기 때문에 감히 그녀가 자신의 아내라고 말하지 못했으며, 사실이 아니었기 때문에 자신의 여동생이라고 말할 수도 없었다. 비록 이처럼 악의 없는 거짓말은 고대인들 사이에서도 허물이 되지 않았으며, 현대인들에게도 유용할 수 있겠지만 영혼이 너무 순수한 그는 진실을 감추지 않았다.

"퀴네공드 양은 앞으로 저와 결혼하실 분입니다. 각하께서 저희의 결혼을 재가해주시기를 간청합니다."

돈 페르난도 디바라 이 피게오라 이 마스카레네스 이 람푸르도스 이 소우자는 콧수염을 꼬아 올리며 조롱하는 듯한 미소를 지으면서 캉디드 대위에게 밖으로 나가 중대원을 검열하라고 명령했다. 캉디드는 그 명령에 따랐고, 총독은 퀴네공드와 남아 있었다. 그는 자신의 연정을 고백하며 바로 다음 날 성당이나 그녀의 마음에 드는 다른 곳에서 결혼식을 올리겠다고 우겨댔다. 퀴네공드는 노파의 의견을 듣고 결정을 내리겠으니 15분만 시간을 달라고 부탁했다.

노파는 퀴네공드에게 이렇게 말했다.

"아가씨는 72대에 걸친 가문은 있지만 돈은 한푼도 없습니다. 아가씨는 지금 마음만 먹는다면 남아메리카에서 가장 지위가 높으며 콧수염이 아주 멋진 귀족의 아내가 될 수 있습니다. 신성한 정절을 자랑하는 것이 과연 도움이 될까요? 불가리아 병사들에게 겁탈을 당했고 유대인과 종교재판소장에게 당신의 몸을 허락했었죠. 불행은 충분한 변명거리가 됩니다. 내가 아가씨의 입장이라면 총독과 결혼해서 캉디드 대위를 출세시키는 것에 전혀 망설이지 않을 겁니다."

노파가 나이와 경험에서 터득한 신중함을 바탕으로 말하고 있는 동안 스페인 교도소장과 경찰들이 타고 있는 작은 배 한 척이 항구에 들어오고 있었다.

그동안 다음과 같은 일이 있었던 것이다.

노파가 예리하게 추측했듯이, 퀴네공드와 캉디드가 도망치고 있을 때, 바다호스의 마을에서 퀴네공드의 돈과 보석을 훔쳐간 사람은 프란체스코회 수사였다. 수사는 보석을 팔려고 했지만 보석상은 그것이 종교재판소장의 보석이라는 것을 알고 있었다. 수사는 교수형을 당하기 직전에 자신이 보석을 훔쳤다고 자백하면서 보석을 가지고 있던 사람들의 외모와 행로를 알려주었다. 퀴네공드와 캉디드가 도망친 것은 이미 널리 알려져 있었다. 카디스까지 추적해온 그들은 즉시 배를 띄웠고, 그 배가 부에노스아이레스 항구에 도착했던 것이다. 스페인 교도소장이 상륙할 것이며 종교재판소장의 살인범을 추적하고 있다는 소식이 항구에 퍼졌다. 신중한 노파는 어떤 일이 벌어지려고 하는지를 금세 알아차렸다.

"아가씨는 도망칠 수 없습니다. 그분을 죽인 사람은 아가씨가 아니기 때문에 걱정할 것은 없습니다. 게다가 아가씨를 사랑하는 총독님이 아가씨가 험한 꼴을 당하도록 하지는 않을 겁니다. 그러니 여기에 머물러 계세요."

그렇게 말하고 나서 노파는 즉시 캉디드에게 달려갔다.

"도망치세요. 그러지 않으면 한 시간 안에 화형을 당하고 말 거예요."

잠시도 지체할 틈이 없었다. 하지만 캉디드가 어떻게 퀴네공드와 헤어질 수 있으며, 또 어디로 도망쳐 숨을 수 있단 말인가?

제14장
캉디드와 카캄보는 파라과이의 예수회 신부들에게
어떤 대접을 받았나

캉디드는 카디스에서 스페인의 해안이나 아메리카 식민지에서 흔히 마주칠 수 있는 하인을 한 명 데리고 왔었다. 그는 4분의 1은 스페인 사람으로 투쿠만에서 태어난 혼혈인이었다. 그는 성당의 복사였으며 성당지기, 선원, 수도사, 행상인, 군인 그리고 하인 등의 일을 했다. 이름은 카캄보였으며, 자신의 주인이 매우 훌륭한 사람이었기 때문에 주인을 매우 좋아했다. 그는 재빠르게 안달루시아산 말 두 마리 위에 안장을 얹었다.

"가시죠, 주인님, 할멈의 조언을 따르셔야 합니다. 지금 당장 출발해서 뒤돌아보지 말고 달려야 합니다."

캉디드는 눈물을 흘렸다.

"아, 나의 소중한 퀴네공드! 총독이 우리의 결혼식을 재가해주려고 하는 지금 당신을 떠나야 하나요? 퀴네공드 양, 이렇게 멀리 떠나왔는데 이제 당신은 어떻게 될까요?"

"아가씨는 어떻게 하든 잘 해내실 겁니다. 여자들은 절대로 손해볼 일은 안하거든요. 하느님이 보살펴주실 것이니 어서 가시지요."

"나를 어디로 데려가는 거냐? 어디로 가야 하는 거냐? 퀴네공드 양도 없이 어떻게 해야 한단 말이냐?"

"주인님은 콤포스텔라의 성 야고보에 의해 예수회 신부들과 싸울 예정이었지만, 이젠 가서 그들을 위해 싸웁시다. 제가 길을 잘 알고 있으니 그들의 왕국으로 안내하겠습니다. 그들은 불가리아 군대의 훈련을 익히 잘 알고 있는 대위를 기쁘게 맞이할 것입니다. 주인님은 엄청나게 출세하시게 될 겁니다. 어느 한 세상에서 성공하지 못한다면 다른 세상에서 성공하면 됩니다. 새로운 목표들을 찾아내고 새로운 공적을 쌓는 것은 무척이나 즐거운 일이거든요."

"그런데, 파라과이에 가보기는 했나?"

"그럼요. 저는 성모승천대학의 사환이었고, 예수회 신부들의 정부에 대해서는 카디스의 거리만큼이나 잘 알고 있습니다. 아주 훌륭한 정부거든요. 왕국은 지름이 1500킬로미터에 달하며 서른 개의 주로 분할되어 있습니다. 그곳에선 신부님들이 모든 것을 소유하고 백성들은 아무것도 가진 것이 없으니, 이성과 정의의 걸작이라 할 수 있죠. 저는 예수회 신부님들보다 더 신성한 사람들은 본 적이 없습니다. 그분들은 여기에서 스페인과 포르투갈의 군대에 맞서 전쟁을 벌이면서, 동시에 바로 그 유럽의 군주들로부터 고백성사를 들어줍니다. 여기에서는 스페인 사람들을 살해하고 마드리드에서는 그들을 천국으로 인도한다는 것이 저는 무척 재미있거든요. 자자, 빨리 가시죠. 이 세상에서 가장 행복하고 가장 복 받은 분들을 만나게 될 겁니다. 불가리아 군대의 훈련을 잘 아는 대위가 온다는 소식을 듣게 되면 신부님들은 정말 기뻐하실 겁니다."

첫 번째 관문에 도착하자 카캄보는 즉시 전위부대를 불러 대위 한 명이 사령관님을 만나고 싶어 한다고 말했다. 이 소식이 주력부대에 전달되자 그 즉시 사령관에게 알리기 위해 파라과이군 장교 한 명이 달려가 그의 발밑에 엎드렸다. 캉디드와 카캄보는 무장해제를 당했고, 안달루시아산 말 두 마리는 압수되었다. 이 두 명의 이방인은 이열종대로 늘어선 보병들 사이로 호송되었다.

머리에 삼각모를 쓴 사령관은 그 행렬의 끝에서 가운을 걷어올리고 옆구리에는 칼을 차고 단창을 손에 쥐고 있었다. 그가 손짓을 하자 곧 스물네 명의 병사들이 새로 온 사람들을 둘러쌌다.

하사관 한 명이 사령관은 그들과 말을 할 수 없으니 기다려야 한 다고 했다. 그리고 스페인 사람은 누구든지 교구장이 있을 때 외 에는 말을 할 수 없고, 또한 세 시간 이상 그 지방에 머물 수 없 다는 것이었다.

카캄보가 말했다.

"그런데 교구장님은 이디에 계십니까?"

하사관이 대답했다.

"미사를 거행하신 후에 열병식에 참석하셨소. 그러니 세 시간 은 지나야 만나뵐 수 있을 거요."

카캄보가 말했다.

"하지만 대위님은 스페인 사람이 아니라 독일 사람이고, 나만 큼이나 배가 고파 거의 죽을 지경입니다. 교구장님을 기다리는 동안 이 굶주림을 해결할 수는 없을까요?"

하사관이 즉시 가서 그의 말을 전하자 사령관이 말했다.

"그건 정말 다행이로군. 그가 독일인이라니 어떤 이야기를 하 는지 들어도 될 터이니 내 막사로 데려와라."

그들은 즉시 캉디드를 황금색이 점점이 박힌 아름다운 녹색 기 둥으로 장식되어 있는 누각으로 안내했다. 덩굴을 교차시켜 만 든 격자 울타리 안에는 앵무새와 벌새, 뿔닭을 비롯한 온갖 종류 의 진귀한 새들이 갇혀 있었다. 금으로 만든 식기에 훌륭한 식사가 차려졌다. 파라과이 사람들이 뜨거운 태양 아래 넓은 마당에서 나무 그릇에 담긴 옥수수를 먹고 있는 동안 사령관 신부는 자신의 시원한 누각으로 들어섰다.

그는 매우 잘생긴 젊은이로 얼굴은 희고 혈색이 좋았다. 둥근 눈썹과 생기 넘치는 눈과 빨간 귀에 입술은 주홍빛인 그의 태도는 당당했다. 하지만 스페인 사람이나 예수회 신부들과는 다른 당당함이었다. 그들은 캉디드와 카캄보에게 무기와 안달루시아산 말 두 마리도 돌려주었다. 카캄보는 누각 바로 옆에서 혹시 말들이 놀랐을까 걱정되어 눈여겨보며 귀리를 먹이고 있었다.

캉디드는 먼저 사령관이 입고 있는 관복의 끝단에 입을 맞추고 난 후 식탁에 앉았다. 신부가 독일어로 물었다.

"그런데, 당신은 독일인이오?"

캉디드가 대답했다.

"그렇습니다, 신부님."

이런 말을 나누던 그들은 서로를 빤히 바라보다가 깜짝 놀라며 도저히 감출 수 없는 감격에 휩싸였다.

신부가 또 물었다.

"그렇다면, 독일의 어느 지역에서 왔소?"

"저는 베스트팔렌의 지저분한 지방 출신으로, 툰더텐트론크성에서 태어났습니다."

사령관이 탄성을 내뱉었다.

"아니, 어떻게 이런 일이 있단 말인가?"

캉디드가 외쳤다.

"이런 기적이 있다니!"

사령관이 물었다.

"정말 너란 말이냐?"

캉디드가 말했다.

"어떻게 이럴 수가!"

깜짝 놀라 몇 걸음 뒤로 물러났던 그들은 서로를 부둥켜안고 펑펑 눈물을 흘렸다.

"아니, 신부님이 바로 그분이란 말입니까? 당신이 아름다운 퀴네공드 양의 오빠라구요? 당신이, 불가리아 병사들에게 살해된 남작님의 아드님이라구요? 그런데 파라과이의 예수회 신부님이라구요! 우리가 살고 있는 이곳은 정말 이상하기 짝이 없는 세상이로군요. 아, 팡글로스 선생님! 교수형을 당하지만 않았다면 무척 기뻐하셨을 텐데요!"

사령관은 수정으로 만든 잔에 술을 따르며 시중들고 있던 흑인 노예들과 파라과이 병사들을 모두 내보냈다. 그는 하느님과 성 이그나티우스께 수없이 감사 인사를 올리며 캉디드를 부둥켜안았다. 그들의 얼굴은 눈물범벅이 되었다.

"제가 퀴네공드 양의 소식을 말씀드리면 더욱 놀라고 더욱 감격하고 기뻐하실 겁니다. 불가리아 병사에게 살해당했다고 알고 계신 그분이 건강하게 살아 계시거든요."

"지금 어디에 있나?"

"가까운 곳에서 부에노스아이레스 총독과 함께 계십니다. 저는 신부님들과 맞서 싸울 준비를 하고 있었거든요."

그들의 긴 대화 속에서 꺼내는 말마다 놀라움이 더해졌다. 그들은 한껏 들떠 말하고 들으며 두 눈을 반짝였다. 교구장을 기다리면서 진정한 독일인답게 그들은 오랫동안 식사를 즐겼다. 그리고 사령관은 사랑하는 캉디드에게 이렇게 말했다.

제15장
캉디드는 어떻게 사랑하는 퀴네공드의 오빠를 죽이게 되었나

"아버지와 어머니가 살해당하시고, 누이가 겁탈 당하던 것을 보았던 그 끔찍했던 날의 기억은 평생 잊지 못할 걸세. 불가리아 병사들이 물러갔을 때 나의 사랑스런 누이를 찾을 수가 없었네. 아버지와 어머니 그리고 나는 그 무자비한 적군에게 살해된 하녀 두 명 그리고 어린 소년 세 명과 함께 수레에 실렸지. 우리 성에서 10킬로미터 내에 있던 예수회의 성당에 매장하기 위해 옮기려는 것이었어.

예수회 수사가 우리들에게 성수를 뿌렸는데, 어찌나 짜던지 몇 방울이 내 눈에 떨어졌을 때 눈꺼풀이 살짝 떨렸다네. 그것을 본 수사가 내 가슴에 손을 대보고 심장이 뛰는 것을 알게 되었고,

그의 도움으로 3주일 후에는 건강을 되찾을 수 있었다네.

나의 소중한 캉디드, 자네도 알다시피 내가 예전에 아주 잘생겼었지. 그런데 시간이 지날수록 더욱 수려해져서 수도원 원장이신 크루스트 신부님께서 나를 무척이나 아껴주셨다네. 나에게 서품식의 제의(祭衣)을 주셨고, 몇 년 후에는 로마에도 보내주셨다네. 로마에 계신 총장신부님께서 젊은 독일인 사제들을 소집하고 계셨거든.

파라과이의 지배자들은 가능하다면 스페인의 사제들을 받지 않으려고 했다네. 그들은 자신들의 명령에 더 잘 따른다고 생각해서 다른 나라의 사제들을 더 좋아했다네. 총장신부님은 내가 이곳에서 일하기에 적합한 인물이라고 판단을 하셨던 거야. 나는 폴란드인 한 명 그리고 티롤인 한 명과 함께 출발했지. 여기에 도착해서 나는 부사제와 대위의 직책을 수여받았다네. 지금은 대령이면서 사제가 됐지. 우리는 스페인 국왕의 군대를 세차게 몰아붙일 것이고, 장담하건대 그들을 모두 파문시키고 궤멸시킬 걸세. 주님께서 우리를 도우라고 자네를 보내주신 것 같군. 그런데, 나의 사랑하는 누이 퀴네공드가 여기에서 가까운 곳에서 부에노스아이레스의 총독과 함께 있다는 것이 사실인가?"

캉디드는 틀림없는 사실이라고 확인시켜주었고, 그들은 새롭게 눈물을 흘리기 시작했다.

남작은 줄곧 캉디드를 얼싸안으며, '나의 아우', '나의 구세주'라고 불렀다.

"사랑하는 캉디드, 어쩌면 우리가 함께 그 도시에 정복자로 진입해서 나의 누이 퀴네공드를 구할 수도 있을 것이네."

"그것이 제가 간절히 원하는 일입니다. 저는 아가씨와 결혼할 예정이었고, 여전히 그렇게 되기를 바라고 있거든요."

"아니, 이런 건방진 녀석이 있나! 네가 감히 72대에 걸친 선조가 있는 내 누이와 결혼하겠다는 뻔뻔한 생각을 하고 있다니? 감히 그처럼 건방진 계획을 나에게 밝힐 정도로 형편없는 철면피라는 것을 이제야 알겠구나."

그런 언사에 깜짝 놀란 캉디드는 이렇게 대답했다.

"신부님, 이 세상에서 선조들이 있다는 건 아무런 의미도 없습니다. 제가 유대인과 종교재판소장의 품에서 아가씨를 구해냈습니다. 아가씨가 제게 갚아야 할 빚이 있고, 저와 결혼하기를 바라고 있습니다. 팡글로스 선생님은 언제나 인간은 평등하다고 말씀하셨고, 저는 반드시 아가씨와 결혼할 겁니다."

"그렇게 될지 두고 보자, 이 비천한 녀석!"

툰더텐트론크 남작은 이렇게 말하며 순간적으로 캉디드의 얼굴을 향해 칼등을 내리쳤다. 캉디드도 그 즉시 칼을 뽑아 예수회 수사의 몸통에 칼자루 밑동까지 푹 찔러넣었다. 하지만 칼을 뽑아내며 뜨거운 피가 뿜어져 나오자 그는 울음을 터뜨렸다.

"하느님 맙소사! 내가 옛 주인이며 친구이며 처남을 죽이다니! 이 세상에서 최선의 인간인 내가 이미 사람을 셋이나 죽였고, 게다가 그들 중 두 명이 사제라니."

누각의 문 옆에서 보초를 서고 있던 카캄보가 달려오자 캉디드가 말했다.

"우리들의 목숨을 최대한 명예롭게 버리는 것 외에는 다른 방법이 없구나. 그들이 곧 누각 안으로 들이닥칠 것이 분명하니 싸우다 죽을 수밖에 없다."

평생 수많은 곤경을 겪으며 살아온 카캄보는 허둥대지 않았다. 그는 남작의 예수회 사제복을 벗겨 캉디드에게 입히고 신부의 삼각모를 씌워준 다음 말을 타도록 했다. 이 모든 일들이 눈 깜짝할 사이에 이루어졌다.

"주인님, 빨리 달리셔야 합니다. 모두들 주인님을 부하들에게 명령을 내리러 가는 예수회 신부라고 생각할 겁니다. 그들이 우리를 따라잡을 수 있기 전에 국경을 넘어가야 합니다."

이렇게 말하면서 재빨리 도망치면서 그는 스페인어로 고함을 질러댔다.

"길을 비켜라, 사령관 신부님이시다. 길을 비켜라."

제16장
두 명의 여행자가 여자 두 명, 원숭이 두 마리
그리고 오레용이라는 야만족과 함께한 모험

캉디드와 그의 시종은 진영 내에서 독일 신부가 죽었다는 것
이 알려지기 전에 관문을 지나갔다. 용의주도한 카캉보는 자신의
배낭 속에 빵과 초콜릿, 햄과 과일 그리고 와인도 몇 병 챙겨왔
다. 그들은 안달루시아산 말을 타고 제대로 된 길도 없는 낯선 나
라로 깊숙이 들어갔다. 마침내 졸졸 흐르는 시냇물이 가로지르고
있는 아름다운 목초지에 도착했다. 여기에서 우리의 두 모험가는
말에게 풀을 먹였다. 카캉보는 주인에게 음식을 권하고 자신도
먹기 시작했다.

"남작의 아들을 죽였고 또 더 이상 아름다운 퀴네공드 양도 볼

수 없게 된 지금, 어떻게 나에게 햄을 먹으라고 할 수가 있느냐? 그녀에게서 멀리 떨어져 후회와 절망 속에 지내야 하는 비참한 삶을 연장하는 것이 무슨 소용이 있겠느냐? 게다가 '트레부 신문' 에서는 무엇이라 하겠느냐?"라는 것이 캉디드의 대답이었다.

그렇게 자신의 운명을 한탄하면서도 그는 계속 음식을 먹었 다. 해가 졌다. 그들 두 명의 방랑자는 여자들이 외치는 것 같은 작은 비명소리를 듣게 되었다. 고통의 소리인지, 기쁨의 소리인 지 알 수는 없었지만, 낯선 곳에서 벌어지는 모든 작은 일들이 불 러일으키는 불안감과 공포에 휩싸여 그들은 황급히 자리에서 일 어났다. 벌거벗은 여자 두 명이 춤을 추듯 풀밭 위를 내달리며 소 리를 질러댔고, 원숭이 두 마리가 그 여자들을 가까이 쫓아가며 엉덩이를 깨물려 하고 있었다. 캉디드는 여자들이 불쌍했다. 불 가리아 군대에서 사격을 배운 그는 이제 잎사귀 하나 건드리지 않고 숲 속의 개암나무 열매를 명중시킬 수 있을 정도의 솜씨를 갖추고 있었다. 그는 스페인제 쌍열박이 소총을 들어 원숭이 두 마리를 쏘아 죽였다.

"신을 찬미하라! 나의 친애하는 카캄보여, 내가 저 불쌍한 두 여자를 끔찍한 위험에서 구해냈다네. 내가 종교재판소장과 예수 회 신부를 죽인 죄를 범했다면, 저 여자들을 구하는 것으로 충분 히 보상을 한 셈일세. 어쩌면 귀한 집 아가씨들일지도 모르니, 나

Les deux égarés entendirent quelques petits cris qui paraissaient poussés par des femmes.

Candide, Ch. XVI.

의 도움이 이 나라에서 엄청난 이익으로 돌아올지도 모를 일 아닌가?"

그는 계속 말을 이어가려 했지만 죽은 원숭이의 시체를 소중하게 끌어안고 그 위로 눈물을 쏟아내며 무척이나 슬퍼하는 여자들을 보자 말문이 막히고 말았다. 마침내 그는 카캄보에게 말했다.

"저토록 심성이 고운 사람들이 있을 거라곤 생각지도 못했군."

"주인님은 지금 정말 대단한 일을 하신 겁니다. 저 아가씨들의 애인을 죽였다는 걸 알고나 계십니까?"

"애인이라고? 그럴 리가 있나? 날 놀리고 있는 건가? 나는 절대로 믿을 수가 없어!"

"주인님은 세상의 모든 일에 놀라시는군요. 원숭이들이 여자들의 호감을 얻을 수도 있는 나라가 있다는 것을 왜 그렇게 이상하게 생각하시는 겁니까? 제가 4분의 1은 스페인 사람인 것처럼 원숭이도 4분의 1은 인간이잖아요."

"아아! 옛날에는 이런 일들이 종종 일어나곤 했다는 팡글로스 선생님의 말씀이 기억나는군. 이러한 조합으로 켄타로우스(반은 인간이고 반은 말)와 아푸누스(반은 인간이고 반은 염소) 그리고 사티로스(말의 귀와 꼬리가 있는 인간)가 만들어졌고 그런 괴물들을 보았던 고대인들도 많다고 하셨지. 하지만 나는 그런 것들을 모두 신화에나 나오는 일이라고 생각했거든."

"이제는 그것이 엄연한 사실이라는 것 그리고 적절한 교육을 받지 못한 사람들이 그런 존재들을 어떻게 대하는지 아셔야만 합니다. 저 아가씨들이 우리에게 나쁜 짓을 꾸미지나 않을까 그것이 제일 두렵습니다."

카캄보의 타당한 의견에 따라 캉디드는 목초지를 떠나 숲 속 깊숙이 들어갔다. 그곳에서 두 사람은 식사를 하고, 포르투갈의 종교재판소장과 부에노스아이레스의 총독과 남작에 대한 저주를 늘어놓은 다음 땅바닥에 누워 잠들었다. 잠에서 깨어나면서 그들은 몸을 움직일 수 없다는 것을 알고 깜짝 놀랐다. 두 여자로부터 그들에 대한 소식을 듣게 된 그 지역의 오레용족이 나무껍질로 만든 밧줄로 그들을 묶어 놓았기 때문이었다. 그들은 활과 화살, 곤봉과 돌도끼로 무장한 50여 명의 벌거벗은 오레용족에게 둘러싸여 있었다. 그들 중 일부는 커다란 가마솥 밑에 불을 지피고, 일부는 구이용 꼬치를 준비하면서 모두들 이렇게 외쳤다.

"예수회 놈이다! 원수를 갚을 것이다. 맛있는 음식을 먹자. 이 예수회 놈을 잡아먹자. 모두 저놈들을 먹어버리자."

카캄보가 슬프게 외쳤다.

"주인님, 제가 그 아가씨들이 나쁜 짓을 꾸밀 거라고 하지 않았습니까!"

가마솥과 꼬치를 보며 캉디드가 외쳤다.

"우리를 굽거나 삶을 것 같구나. 아! 팡글로스 선생님께서 인간의 본성이 얼마나 순수하게 형성되어 있는지를 직접 보셨다면 과연 어떤 말을 하실까? 모든 것이 올바른 것일 수는 있겠지. 하지만 퀴네공드 양을 잃고, 이 야만스러운 오레용족에게 토끼처럼 꼬치에 꿰어 죽는다는 건 정말 견디기 어려운 일이라는 걸 고백하지 않을 수가 없구나."

카캄보는 절대로 허둥대지 않았다. 그는 수심에 잠긴 캉디드에게 이렇게 말했다.

"자포자기하진 마십시오. 제가 이 사람들의 말을 조금 알고 있으니 말을 좀 해보겠습니다."

"인간을 구워먹는다는 것이 얼마나 비인간적인 일이며, 또 얼마나 반기독교적인 일인지 분명히 이야기해주게."

카캄보가 말했다.

"여러분, 여러분은 오늘 예수회 놈을 잡아먹으려고 하는 것이죠? 만약 그렇다면 지극히 바람직한 일입니다. 당신들의 적을 그렇게 다루는 것보다 더 공정한 일은 없을 것입니다. 사실, 자연의 법칙은 우리에게 이웃을 죽이라고 가르치고 있으며, 그런 일은 온세상에서 벌어지고 있는 일입니다. 만약 우리가 인간을 먹지 않는다면 그건 우리에게 더 좋은 음식이 있기 때문이죠. 하지만 여러분에게는 우리가 가진 것과 같은 자원이 없습니다. 승리의 열매를 까마귀에게 넘겨주는 것보다 여러분의 적을 먹어치우는 것이 훨씬 더 좋은 일이라는 건 분명합니다. 하지만, 여러분은 친구를 먹겠다는 선택을 하지는 않을 겁니다. 여러분은 예수회 놈을 구워 먹는 것이라고 생각하는 것 같지만, 나의 주인님은 여러분의 친구이며 수호자입니다. 여러분은 지금 여러분의 적을 무찌른 사람을 구워 먹으려는 것입니다.

나의 경우, 이 지방에서 태어났습니다. 나의 주인이신 이분은 예수회 신부가 아니라 이제 막 예수회 신부 한 명을 죽였는데 그 전리품을 몸에 걸치고 있는 바람에 여러분이 오해하게 된 것입니다. 내 말이 사실인지를 확인하려면 이 사제복을 예수회 왕국의 첫 번째 관문으로 가져가서 나의 주인님이 예수회 장교를 죽였는지 물어보시면 됩니다. 시간도 오래 걸리지 않을 것이고 만약 내가 거짓말을 한 것이라면 여러분은 언제든 우리를 잡아먹을 수 있습니다. 반면에 내가 진실을 말씀드렸다는 것이 확인되면, 사회법의 원리와 인류애와 정의를 너무나도 잘 알고 있는 여러분은 기꺼이 우리를 풀어주시지 않을 수는 없을 것입니다."

오레용족은 그의 말이 매우 합리적이라고 생각했다. 그들은 신속하게 주요인사 두 명을 파견하여 이 문제의 진실을 탐문하도록 했다. 파견된 두 명은 사리분별이 있는 사람들답게 임무를 수행하고 좋은 소식을 가지고 금세 돌아왔다. 그래서 두 사람은 풀려났고, 방금 전까지 굽고 삶으려던 그들을 정중하게 대해주며 시녀들을 붙여 주고 음식을 제공했다. 그리고 그들을 국경으로 되돌아가도록 안내해 주면서 행렬 앞에 서서 기쁨에 찬 목소리로 외쳐댔다.

"이분은 예수회 놈이 아니다! 이분은 예수회 놈이 아니다!"

캉디드는 자신이 풀려나게 된 이유에 대해 감탄하지 않을 수가 없었다.

"정말 훌륭한 사람들이로군! 풍속도 훌륭하지 않나! 만약 내가 퀴네공드 양의 오빠를 칼로 찌르는 행운이 없었다면 나는 분명 산 채로 잡아먹혔을 것 아닌가. 이 사람들이 내가 예수회 신부가 아니라는 것을 알게 되자, 잡아먹는 대신 정중하게 대해주는 것을 보니 결국 인간의 순수한 본성은 정말 훌륭한 것이로구나."

제17장
캉디드와 하인이 엘도라도에 도착해 그곳에서 보았던 것

오레용족의 국경에 도착하자 카캄보가 캉디드에게 말했다.

"보시다시피 지구의 이쪽 편도 다른 쪽보다 더 나을 것은 없습니다. 그러니 이제 내 말을 들으셔야 합니다. 가장 빠른 길로 유럽으로 돌아가도록 하시지요."

"어떻게 돌아가나? 그리고 어디로 간단 말이냐? 내 나라로 가자고? 그곳에선 불가리아와 아바르 병사들이 사람들을 모조리 학살 중이네. 포르투갈로 가자고? 그곳에 가면 화형을 당할 것이고, 여기에 남아 있게 되면 매순간 꼬치구이를 당할 위험이 있지, 하지만 내가 어떻게 나의 사랑하는 퀴네공드 양이 있는 이곳을 떠나겠다는 결정을 할 수 있단 말이냐?"

"그럼, 카옌으로 방향을 돌립시다. 그곳에 가면 프랑스인들을 만나게 될 겁니다. 아시다시피 그 신사들은 세상 어디에나 있거든요. 그들이 우리를 도와줄 것이고, 하느님도 우리를 불쌍히 여기실 겁니다."

카옌으로 가는 길은 쉽지 않았다. 어떤 방향으로 가야 할지는 어렴풋이 알고 있었지만, 가는 내내 산과 강과 절벽, 도적떼와 야만인들이 길을 막았다. 지친 말들은 죽었고, 식량도 다 떨어졌다. 한 달 내내 야생 열매로 버티던 그들은 마침내 조그마한 강가에 줄지어 서 있는 코코아나무들을 발견했다. 그 코코아 열매를 먹고 그들은 활력과 희망을 유지하게 되었다.

언제나 노파만큼이나 훌륭한 조언을 해주는 카캄보가 캉디드에게 말했다.

"더 이상은 버틸 수 없습니다. 너무 많이 걸었어요. 강변에 빈 배가 한 척 있더군요. 일단 코코넛을 가득 실은 다음 배를 타고 물길을 따라 가시죠. 강은 언제나 사람이 사는 곳으로 흘러갑니다. 기분 좋은 일이 생기지는 않는다 해도, 적어도 새로운 일은 생길 겁니다."

"그렇게 하지. 이제 기꺼이 우리 운명을 하늘에 맡기도록 하자."

그들은 강을 따라 배를 저어 나갔다. 양옆의 강둑은 꽃으로 뒤덮인 곳과 메마른 곳도 있었고, 어떤 곳은 완만하고 평온했지만 어떤 곳은 가파르고 거칠었다. 앞으로 나아갈수록 강은 점점 넓어졌고 마침내 꼭대기가 하늘에 닿을 듯이 어마어마하게 높은 바위 아래로 흘러갔다. 우리의 두 여행자는 기꺼이 그 물길에 몸을 맡길 용기가 있었다. 강은 그곳에서 갑작스럽게 좁아지면서 엄청난 굉음을 내더니 그들을 급격한 소용돌이 속으로 밀어 넣었다.

그들은 스물네 시간이 지나고 나서야 다시 햇빛을 보게 되었지만 배는 바위에 부딪쳐 산산조각이 났다. 한동안 바위에서 바위로 조심스럽게 기어가야 했던 그들은 마침내 도저히 오를 수 없을 만큼 높은 산들로 둘러싸인 널찍한 평원을 발견했다.

그 나라에서는 필요한 것들만큼이나 즐거움을 위한 것들도 재배되고 있었다. 모든 곳에 쓸모 있는 것들과 아름다운 것들이 함께 뒤섞여 있었다. 도로에는 번쩍이는 자재로 만들어진 마차들이 북적이고 있어 오히려 도로가 장식되어 있다는 생각이 들 정도였다. 마차에는 놀랍도록 아름다운 남녀들이 타고 있었으며, 마차를 끌고 있는 엄청나게 큰 붉은 양들은 안달루시아나 테투안 혹은 메크네스의 가장 훌륭한 말보다 훨씬 더 빠르게 달렸다.

"아무래도 여기는 베스트팔렌보다 더 훌륭한 나라로구나!"

그는 카캄보와 제일 먼저 보이는 마을을 향해 걸어갔다. 금실과 은실로 아름다운 무늬를 넣어 짠 누더기옷을 입은 아이들이 마을 어귀에서 고리던지기 놀이를 하고 있었다. 다른 세상에서 온 우리의 여행자들은 그 모습을 재미있게 지켜보았다. 노랑, 빨강 그리고 녹색의 커다랗고 둥근 고리들은 야릇한 광채가 뿜어냈다. 그들은 땅에서 고리를 몇 개 주웠는데, 그것은 금과 에메랄드와 루비로 만든 것이었다. 그 크기가 가장 작은 것도 무굴제국의 왕좌를 장식한 가장 커다란 것과 비슷했다.

카캄보가 말했다.

"고리던지기를 하고 있는 이 아이들은 분명 왕의 아들들일 겁니다."

그때 마을의 학교 선생님이 나타나 아이들을 학교로 불렀다. 그러자 캉디드가 말했다.

"저 사람이 왕실의 스승이구나."

아이들은 즉시 놀이를 멈추고 고리와 놀이기구들을 모두 땅에 버려둔 채 떠났다. 캉디드는 그것들을 모아 선생에게 달려가 최대한 공손한 태도로 건네면서 손짓으로 왕의 자제들이 금과 보석들을 잊고 갔다는 것을 알리려 했다. 선생은 미소를 지으며 그것들을 땅에 던져버리더니 무척이나 놀란 얼굴로 캉디드를 바라보다가 가버렸다.

그러자 여행자들은 금과 루비와 에메랄드를 정성스럽게 끌어모았다.

"우리가 지금 어디에 와 있는 거지?"

캉디드는 놀라 외쳤다.

"금과 귀중한 보석들을 하찮게 생각하는 것으로 보아 이 나라의 왕자들은 교육을 잘 받은 것 같구나."

카캄보 역시 캉디드만큼이나 놀랐다. 마침내 그들은 마을의 첫 번째 집에 가까이 다가갔다. 유럽의 왕궁처럼 건축된 집이었는데, 문가에는 사람들이 모여들어 있었고, 집안에는 더 많은 사람들이 있었다. 집안에서 기분 좋은 음악소리가 들려오고 맛있는 음식 냄새가 퍼져 나왔다. 문 앞으로 다가간 카캄보는 그 사람들이 페루어를 사용한다는 것을 알게 되었다. 페루어만 사용하던 투쿠만의 마을에서 태어난 카캄보에게는 모국어였다. 카캄보가 캉디드에게 말했다.

"여기에선 제가 통역을 해드릴 테니 안으로 들어가시지요. 여기는 주막이군요."

황금옷을 입고 머리에 리본을 맨 두 명의 종업원과 두 명의 소녀가 주막주인이 앉아 있는 식탁으로 안내했다. 그들은 새끼 앵무새 두 마리씩을 곁들인 네 가지 수프와 백 킬로그램이나 되는 삶은 독수리 그리고 맛이 뛰어난 구운 원숭이 두 마리, 벌새 3백 마리 한 접시와 작은 벌새 6백 마리로 식탁을 차렸다. 그리고 맛있는 스튜와 구운 과자가 나왔다. 요리들은 모두 투명한 수정으로 만든 그릇에 담겨 나왔다. 종업원과 소녀들은 사탕수수에서 추출한 여러 종류의 음료를 따라 주었다.

대부분의 손님들은 행상과 짐마차꾼들로 모두 다 몹시 공손했다. 그들은 카캄보에게 최대한 신중하게 질문했고, 카캄보의 질문에는 무척 정중하게 대답했다.

식사가 끝나자 캉디드와 카캄보는 주워온 커다란 금덩이 두 개를 건네며 식사비로 충분할 것이라고 생각했다. 그러자 주인과 그의 아내는 갑작스럽게 웃음을 터뜨리며 배를 쥐고 웃어댔다. 웃음이 진정되자 주인이 말했다.

"두 분은 외국인이 분명하군요. 저희가 외국 손님들에 익숙하지 않아서 길에서 주운 돌멩이로 계산하는 걸 보고 웃어버린 것을 용서해주십시오. 당연하게도 두 분에겐 우리 왕국의 돈이 없겠지요. 하지만 여기에서는 식사하는 데 돈이 필요 없습니다. 상업의 편의를 위해 설립된 여관들은 모두 정부에서 비용을 지불합니다. 여기는 가난한 마을이기 때문에 식사가 변변치 않습니다만 다른 곳은 어디를 가시든 훌륭한 대접을 받게 될 겁니다."

깜짝 놀란 카캄보는 주인의 이야기를 모두 캉디드에게 설명해주었다. 그 이야기를 듣게 된 캉디드도 카캄보만큼이나 깜짝 놀랐다.

"아니, 이런 나라가 있다니! 품성이 우리와 전혀 다르며, 다른 세상에는 전혀 알려지지 않은 나라가 있다니? 그런 곳이 분명히 있어야만 하는데, 어쩌면 여기가 모든 것이 다 좋은 그런 세상일지도 몰라. 팡글로스 선생님이 어떻게 말씀하실지는 몰라도, 베스트팔렌에서는 아주 나쁜 일들을 자주 보았거든."

제18장
그들이 엘도라도에서 보았던 것

카캄보가 끊임없이 궁금한 것들을 물어보자 주막주인이 대답했다.

"저는 아주 무식하지만 그것 때문에 불편하지는 않습니다. 하지만 가까운 곳에 궁정에서 은퇴하신 노인 한 분이 살고 계십니다. 우리 왕국에서 제일 박식하고, 말씀도 가장 잘 하는 분이지요."

그는 즉시 카캄보를 노인에게 데려다 주었다. 캉디드는 이제 단순히 보조적인 역할을 하며 자신의 하인인 카캄보를 따라갔다. 그들은 매우 평범한 집으로 들어섰다. 문은 은으로만 만들었고 천정은 금으로만 치장되어 있을 뿐이었지만 가장 부유한 집들과 견줄 정도의 세련된 양식으로 정교하게 가공되어 있었다. 사실 응접실도 단지 루비와 에메랄드만으로 덮여 있을 뿐이었지만 재료의 수수함을 알아차리지 못할 정도로 모든 것이 잘 정돈되어 있었다.

노인은 벌새 깃털로 속을 채워 넣은 소파에 앉아 두 외지인을 맞이했다. 하인들에게 다이아몬드 잔에 술을 내오도록 지시하고 나서 그들이 궁금해 하는 것에 대해 이렇게 설명해주었다.

"지금 나는 172세이고, 왕의 사마관(司馬官)이셨던 아버님으로부터 페루의 놀라운 혁명에 대해 알게 되었소. 아버님은 그 혁명을 직접 목격하셨던 분이오. 현재 우리가 살고 있는 이 왕국은 잉카제국의 옛 영토였는데, 경솔하게도 이 세상의 다른 지역을 정복하려다 결국 스페인에게 패퇴하여 멸망했었다오.

고향 땅에 남아 있던 왕족들은 훨씬 더 현명했어요. 그들은 모든 백성들의 동의를 얻어 아무도 이 작은 왕국을 절대로 떠나서는 안된다는 법을 만들었어요. 그렇게 해서 우리의 순수함과 행복을 지킬 수 있었던 거요. 스페인 사람들은 이 나라에 대해 엉뚱한 생각을 갖고 있어서 여기를 엘도라도라고 부르더군요. 백년 전쯤에 월터 롤리 경이라는 영국인이 아주 가까이 왔던 적은 있었지만 이곳은 도저히 오를 수 없는 산과 절벽으로 둘러싸여 있어 우리는 지금까지 유럽 국가들의 탐욕에서 벗어나 있었던 것이오. 우리나라의 흙과 돌멩이를 무척이나 좋아하는 유럽 사람들은 그걸 차지하기 위해서라면 우리를 모두 죽이고 말 거요.“

주로 정부의 형태와 풍습, 여성과 대중공연 그리고 예술 등에 대한 대화가 오랫동안 이어졌다. 언제나 형이상학을 좋아하는 캉디드는 카캄보에게 이 나라에도 종교가 있는지 물어보도록 했다.

노인은 얼굴을 살짝 붉혔다.

“어떻게 그걸 의심할 수 있단 말이오? 우리를 감사할 줄도 모르는 천박한 사람들로 생각하는 거요?”

카캄보는 공손하게 물었다.

“엘도라도의 종교는 무엇입니까?”

노인은 다시 얼굴을 붉혔다.

“두 가지 종교가 있을 수 있단 말이오? 나는 우리의 종교가 모든 세상의 종교라고 믿고 있소. 우리는 아침부터 밤까지 신을 섬깁니다.”

“오직 하나의 신만을 섬기는 겁니까?”

줄곧 캉디드가 궁금해 하는 것을 전달하는 통역자로서 카캄보가 물었다.

“당연하게도 신은 둘이나 셋, 넷도 있을 수 없소. 당신네 세상에서 온 사람들은 참으로 이상한 질문들을 한다는 걸 밝히지 않을 수가 없구려.”

하시만 강니느는 노인에게 끊임없이 실문을 해댔다. 그는 엘도라도에서는 신에게 어떤 식으로 기도를 올리는지 알고 싶었다.

노인은 이렇게 대답했다.

"우리는 신께 기도하지 않으며, 신께 요구할 것이 전혀 없소. 신께서는 우리에게 필요한 모든 것을 주셨으니 끊임없이 감사를 드릴 뿐이오."

성직자들을 만나고 싶었던 캉디드는 그들이 어디에 있는지 물어보자 노인은 미소를 지었다.

"이보시오, 우리 모두가 성직자요. 왕을 비롯한 모든 가정의 가장들이 매일 아침마다 5~6천 명의 악사들의 반주에 맞춰 감사의 찬가를 부른다오."

"아니, 그럼 이곳에는 가르치고, 논쟁하고, 지배하며, 작당을 해서 자신들과 다른 의견을 가진 사람들은 태워 죽이는 수사들이 전혀 없다는 말입니까?"

"만약 그런 짓을 한다면, 미친 것이지. 우리는 모두 같은 견해를 갖고 있소. 당신이 말하는 성직자라는 것이 무엇인지 난 전혀 모르겠소."

이런 이야기를 듣는 내내 캉디드는 커다란 기쁨에 싸여 혼잣말을 했다.

'여기는 베스트팔렌이나 남작님의 성과는 전혀 다른 곳이구나.

팡글로스 선생님이 엘도라도를 보았다면 더 이상 툰더텐트론크 성이 이 세상에서 가장 훌륭한 곳이라는 주장은 못했을 거야. 세상을 여행하는 것만큼 중요한 일이 없다는 건 분명하군.'

이처럼 오랫동안 대화를 나누고 난 후, 노인은 양 여섯 마리가 끄는 수레를 준비하라고 지시하고 여행자들을 왕궁으로 안내할 하인 열두 명을 준비시켰다. 노인은 수레를 가리키며 말했다.

"너무 늙어서 함께 가지 못하는 것을 양해해 주시오. 왕께서 아무런 불편함이 없도록 잘 영접해 주실 것이오. 혹시 이곳의 풍습이 거슬리는 것이 있더라도 너그럽게 받아주시리라 믿겠소."

캉디드와 카캄보가 마차에 오르자 여섯 마리의 양은 쏜살같이 달려 네 시간도 되지 않아 수도의 가장 끄트머리에 있는 왕궁에 도착했다. 정문의 높이는 70미터였고 너비는 30미터였으며, 어떤 재료로 지어진 것인지 말로는 도저히 표현할 수가 없었다. 우리가 금이나 보석이라고 부르는 돌멩이나 모래와는 비교할 수 없을 정도로 훌륭한 것이라는 사실만은 분명했다.

캉디드와 카캄보가 마차에서 내리자 스무 명의 아름다운 소녀들이 맞이하여 목욕탕으로 안내하고, 벌새 깃털로 짠 의복을 입혀 주었다. 그 후에는 궁정의 남녀 대신들이 그 나라의 풍습에 맞게 각각 1천 명씩 두 줄로 늘어선 악사들 사이를 지나 왕이 있는 곳으로 안내했다. 알현실에 가까이 다가갔을 때 카캄보는 대신들 중의 한 명에게 왕에게 어떻게 인사를 올려야 하는지 물어보았다. 무릎을 꿇어야 하는지 아니면 바닥에 엎드려야 하는지, 두 손을 머리 위로 올려야 하는지 아니면 뒤로 감추어야 하는지, 아니면 방바닥을 핥아야 하는지 등 한마디로 이런 경우에 어떤 의식을 갖추는지 물어보았다.

"국왕을 끌어안고 양 볼에 입맞춤을 하는 것이 관례입니다."

캉디드와 카캄보는 왕의 목을 끌어안았다. 왕은 대단히 자애롭게 그들을 맞이하면서 정중하게 저녁 식사에 초대했다.

저녁 식사를 기다리는 동안 그들은 도시를 구경했다. 그들은 구름에 닿을 듯이 높은 공공건축물들과 천 개의 기둥으로 장식되어 있는 시장을 보았다. 샘물과 장밋빛 물이 뿜어져 나오는 분수가 있었고, 게다가 정향과 계피 향을 내뿜는 보석으로 포장된 커다란 광장으로 사탕수수로 만든 술이 끊임없이 흘러들어오고 있었다. 캉디드가 법원과 의회를 보여 달라고 부탁하자, 이 나라에 그런 것은 없으며 소송 같은 것은 전혀 모른다고 했다. 혹시 감옥은 있느냐고 묻자 없다고 했다. 하지만 캉디드를 가장 놀라고 가장 기쁘게 만들었던 것은 과학의 궁전이었다. 그곳에서 캉디드는 600미터 길이의 전시관에 수학과 물리학에 사용되는 실험 기구들이 가득 차 있는 것을 보았다.

그들은 오후 내내 돌아다녔지만 단지 도시의 천분의 1만을 보앉을 뿐이었다. 궁전으로 돌아온 캉디드는 왕과 카캄보 그리고 몇 명의 귀부인들과 함께 식탁에 앉았다. 그보다 더 우아한 연회는 없었으며, 식사를 하는 자리에서 왕보다 더 재치 있는 이야기를 들려주는 사람도 없었다. 카캄보는 왕의 재담을 캉디드에게 설명해 주었다. 통역을 거쳤음에도 그 이야기들은 여전히 재치가 넘치는 것이었다. 캉디드를 놀라게 했던 모든 일들 중에서도 왕의 재담도 적잖이 놀라운 것이었다.

이처럼 후한 대접을 받으며 한 달을 보내면서 캉디드는 줄곧 카캄보에게 이렇게 말했다.

"내가 태어난 성이 여기와는 비교도 할 수 없을 정도로 초라하다는 것은 거듭 인정하겠지만 결국, 퀴네공드 양은 여기에 없고 너도 분명 그리워하는 연인이 유럽에 있겠지. 만약 여기에 계속 머문다면 우린 다른 사람들과 똑같을 뿐이지만 여기 엘도라도의 돌멩이를 양 열두 마리에 가득 싣고 우리의 세계로 돌아간다면 유럽의 모든 왕들보다 더 부자가 될 거야. 우린 더 이상 종교 재판을 두려워 할 필요도 없고, 퀴네공드 양도 쉽게 되찾을 수 있을 거야."

그의 말은 카캄보에게도 매우 솔깃한 것이었다. 방랑하기 좋아하는 인간은 자기 나라에서 과시하기를 좋아하고, 여행 중에 보았던 것들을 떠벌이고 싶어 하므로 행복한 두 사람은 더 이상 행복하시 않기로 결심하고 왕에게 이 나라에서 떠나는 것을 허락해달라고 부탁했다.

"경솔하게 어리석은 일을 하려고 하는군요. 나의 왕국이 아주 작다는 것은 나도 알고 있지만, 어느 곳에서든 안락하게 살 수 있다면 그곳에 머물러야 한다고 생각합니다. 나에게 외지인을 억류할 권한은 없습니다. 그건 우리 풍습이나 법이 용납하지 않는 포학한 행위입니다. 모든 인간은 본래부터 자유롭습니다. 언제든 떠나서도 됩니다만 떠나는 것이 무척 어려울 겁니다. 당신이 기적적으로 헤치고 왔지만, 바위 동굴 아래로 흐르는 급류를 거슬러 가는 것은 불가능합니다. 나의 왕국을 둘러싸고 있는 산들은 높이가 3000미터이고 성벽만큼이나 가파릅니다. 너비는 각각 50킬로미터이고 게다가 수직절벽 외에는 내려갈 길이 없습니다. 하지만 기어이 떠나기를 원하시니 공학자들에게 당신을 안전하게 운송할 기계를 만들도록 지시하겠습니다. 당신을 산꼭대기에 안내해준 이후에는 아무도 동행할 수 없습니다. 나의 백성들은 왕국을 절대로 떠나지 않겠다는 맹세를 했고, 그들은 지극히 현명해서 그 맹세를 깨지는 않을 것이기 때문입니다. 더 필요한 것이 있으면 무엇이든 요청하세요."

그러자 캉디드가 말했다.

"폐하께 부탁드릴 것은 식량과 이 나라의 돌멩이와 흙을 싣고 갈 양 몇 마리 외에는 없습니다."

왕은 웃었다.

"당신네 유럽 사람들이 왜 우리의 누런 흙을 좋아하는지 알 수
는 없지만 원하는만큼 가져가도록 하시오. 여러분에게 커다란 행
운을 깃들기를 빕니다."

왕은 즉시 공학자들에게 이 특별한 두 사람을 왕국 밖으로 들
어 올릴 기계를 만들라고 지시했다. 3천명의 훌륭한 기계제작자
들이 일을 하기 시작해 15일만에 준비가 되었고 그 나라의 돈으
로 2천만 파운드밖에 들지 않았다. 그들은 캉디드와 카캄보를 기
계에 태웠다. 그들이 산을 넘자마자 타고 갈 안장을 얹고 고삐를
맨 커다란 붉은 양 두 마리와 식량을 싣고 갈 스무 마리, 이 나
라의 진귀한 선물을 싣고 갈 서른 마리, 그리고 금과 다이아몬드
와 보석을 싣고 갈 50마리가 함께 탔다. 왕은 두 방랑자를 다정하
게 안아주었다.

그들이 출발하는 방법을 지켜보는 것은 진귀한 일이었다. 양
들과 함께 산꼭대기로 올라가는 그들의 모습은 장관이었다. 그들
을 안전한 곳에 옮겨놓은 후에 기계제작자들은 그 자리를 떠났으
며, 캉디드에게는 이제 퀴네공드 양에게 양들을 건네주겠다는 것
외에는 아무런 욕심도 아무런 목표도 없었다.

"퀴네공드 양이 풀려나기 위해 몸값을 치러야 한다면, 우린 이

제 부에노스아이레스의 총독에게 지불할 수 있어. 카옌으로 가서
배를 타도록 하자. 그 후에 어떤 왕국을 살 수 있는지 알아보도록
하자."

제19장
수리남에서 어떤 일이 있었으며
캉디드는 어떻게 마르틴을 만났나

우리의 여행자들은 첫날을 무척이나 즐겁게 보냈다. 그들은 아시아와 유럽 그리고 아프리카 전체에서 끌어 모을 수 있는 것보다 더 많은 보물을 갖고 있다는 것이 무척 기뻤다. 그리움에 푹 빠져 있던 캉디드는 마주치는 나무마다 퀴네공드의 이름을 새기며 지나갔다. 두 번째 날에는 양 두 마리가 늪에 빠지면서 짐과 더불어 사라졌고, 며칠 후에는 지쳐버린 두 마리가 더 죽었다. 일곱 또는 여덟 마리가 사막에서 굶어죽었고, 이어서 다른 양들이 절벽에서 떨어지거나 사라져버렸다. 결국 백일 동안의 여행 후에는 두 마리만 남게 되었다. 캉디드가 카캄보에게 말했다.

"이보게, 이 세상의 재물은 참으로 쉽게 사라지는군. 미덕 외에 확실한 건 아무것도 없는 것 같아."

"말씀하시는 것을 모두 인정합니다. 하지만 우리에겐 여전히 양 두 마리가 남아 있으니 앞으로 스페인 왕이 갖게 될 보물보다 더 많습니다. 그리고 제가 저 멀리에 마을이 있는 것을 보았습니다. 제 생각에 네덜란드가 차지한 수리남인 것 같습니다. 이제 우리에겐 온갖 고생이 끝나고 행복이 시작되는 겁니다."

마을에 가까이 다가가면서 그들은 옷을 절반만 입고 땅바닥에 누워 있는 흑인 한 명을 보았다. 푸른 속바지만 입고 있는 그 불쌍한 사람은 왼쪽 다리와 오른쪽 팔이 없었다. 캉디드가 네덜란드어로 말했다.

"아이쿠! 이보시오, 그런 비참한 꼴로 무얼 하고 있는 거요?"

"제 주인님이신 반데르덴두르 씨를 기다리고 있습니다. 유명한 상인이지요."

"반데르덴두르 씨가 당신을 그렇게 끔찍하게 만든 것이오?"

"그렇습니다, 나리. 이곳의 관습이죠. 옷은 일 년에 두 번 무명 속바지 한 벌을 주는 것이 전부입니다. 설탕 공장에서 일하다가 분쇄기에 손가락 하나를 잃게 되면 손을 잘라버리고, 도망치다 잡히면 다리를 자르는데, 저는 그 두 가지 일을 다 겪었습니다. 이런 일의 대가로 유럽에서 설탕을 먹고 있는 겁니다. 하지만 제 어머니가 기니의 해안에서 나를 10파타곤을 받고 팔면서 이렇

C'est à ce prix que vous mangez du sucre en Europe.

Candide Chapitre 19.

게 말씀하셨죠. '얘야, 우리들의 신령님께 감사드리고 영원히 받들어야 한다. 신령님께서 행복하게 만들어주실 거다. 영광스럽게도 우리의 주인님이신 백인의 노예가 되었으니 네 엄마와 아빠는 부자가 되었구나.' 아아! 내가 부모님의 운을 트이게 했는지는 잘 모르겠지만, 제 운은 전혀 트이지 않았습니다. 제가 개나 원숭이나 앵무새보다 천배는 더 비참하죠. 저를 개종시켰던 네덜란드 산신령들이 일요일마다 흑인도 백인처럼 모두 다 아담의 자녀들이라고 말하더군요. 족보 같은 건 전혀 모르지만 그 설교자들의 말이 맞다면 우리는 모두 친척들이죠. 그런데 친척을 더 야만스럽게 대우한다는 건 참으로 믿기 어려운 일이죠."

"오, 팡글로스 선생님!"

캉디드는 외쳤다.

"선생님은 이런 역겨운 일은 생각조차 못하셨던 것이로군요. 이제 끝입니다. 마침내 나는 당신의 낙관주의를 포기해야겠습니다."

카캉보가 말했다.

"그 낙관주의란게 대체 뭡니까?"

"아아! 그건 모든 것이 최악일 때도 끝까지 옳다고 주장하는 것이지."

흑인을 보며 그는 눈물을 흘렸고, 그렇게 울면서 수리남으로 들어갔다.

마을에 도착한 그들은 제일 먼저 항구에 부에노스아이레스로 갈 수 있는 배가 있는지를 물어보았다. 그들이 물어보았던 사람이 마침 스페인 선장이었으며, 적당한 조건으로 합의하자고 제안했다. 그는 주막에서 만나자는 약속을 했고, 캉디드와 충직한 카캄보는 양 두 마리를 끌고 주막으로 가 그를 기다렸다.

언제나 솔직하고 진지한 캉디드는 그 스페인 선장에게 그동안 겪었던 일들을 모두 얘기해주었고, 퀴네공드 양을 부에노스아이레스 총독으로부터 빼내려고 한다는 자신의 결심까지 공공연히 밝혀버렸다.

"그렇다면 부에노스아이레스까지 데려다 줄 다른 사람을 구하시오. 나는 손을 떼겠소. 우리는 모두 교수형을 당하고 말 거요. 아름다운 퀴네공드 양은 총독 각하가 아끼는 연인이오."

그 말은 캉디드에게 청천벽력과 같은 것이었다. 그는 한참 동안을 슬프게 울다가, 마침내 카캄보를 가까이 불렀다.

"자, 나의 친구여. 이 일만은 자네가 꼭 해줘야겠네. 우리 각자의 주머니 속에는 5~6백만 피아스터 값어치의 다이아몬드가 있네. 자네가 나보다 더 똑똑하니 부에노스아이레스로 가서 퀴네공드 양을 데려오도록 하게. 만약 총독이 불평이라도 한다면 백만을 주고, 그래도 그녀를 포기하지 않는다면 2백만을 주게. 자네가 종교재판관을 죽인 것은 아니니 아무도 의심하지는 않을 거야. 나는 다른 배를 타고 베네치아로 가서 자네를 기다리겠네. 그곳은 자유로운 나라이니 불가리아인이나 아바르인, 유대인이나 종교재판관을 걱정할 일은 전혀 없을 걸세."

카캄보는 그의 이런 현명한 결정을 환영했다. 그는 자신을 노예가 아닌 친한 친구로 대해주는 너무나도 좋은 주인과 헤어지는 것은 슬펐지만, 그를 도울 수 있다고 생각하자 곧 슬픔을 가라앉힐 수 있었다. 그들은 눈물을 흘리며 서로를 끌어안았다. 캉디드는 그 착한 노파를 잊어서는 안 된다고 당부했다. 카캄보는 그날 바로 출발했다. 이처럼 카캄보는 매우 진실한 친구였다.

캉디드는 한동안 수리남에 머물면서 자신과 남아 있는 양 두 마리를 이탈리아로 데려다 줄 다른 선장을 구하고 있었다. 그가 하인들을 고용하고, 긴 여행에 필요한 것들을 모두 사고 난 후에 커다란 배의 선장인 반데르덴두르 씨가 나타나 그 일을 하겠다고 제안했다.

"나와 하인들과 짐 그리고 양 두 마리를 곧장 베네치아에 데려다주는데 얼마를 원하시오?"

선장은 만 피아스터를 요구했고, 캉디드는 전혀 머뭇거리지 않고 받아들였다.

약삭빠른 반데르덴두르는 이렇게 생각했다.

'오호라! 이 풋내기가 만 피아스터를 즉시 주겠다고 하는군! 엄청난 부자인 모양이네.'

잠시 후에 돌아온 그는 다시 생각해보니 2만 피아스터 이하라면 갈 수 없다고 했다.

"그렇다면, 그렇게 주겠습니다."

선장은 또 이렇게 생각했다.

'아니! 이 이 작자는 2만 피아스터도 만 피아스터만큼이나 순순히 내주겠다고 하는군.'

다시 돌아온 그는 3만 피아스터 이하로는 베네치아로 갈 수 없다고 요구했다.

"그러면 3만 피아스터를 주겠소."

네덜란드 선장은 한 번 더 생각했다.

'오호라! 3만 피아스터도 이 작자에겐 푼돈인 모양이군. 저기 있는 양들에 어마어마한 보물을 싣고 있는 것이 틀림없군. 더 이상은 말하지 않는 것이 낫겠어. 일단 3만 피아스터를 내라 하고, 어떻게 해야 할지 두고 봐야겠군.'

캉디드는 작은 다이아몬드 두 개를 팔았는데, 작은 것 하나만으로도 선장이 운임으로 요구한 것보다 더 많은 돈을 받았다. 운임을 선불로 치르고 양 두 마리를 먼저 배에 실은 다음 캉디드는 작은 보트를 타고 배가 정박해 있는 곳으로 따라갔다. 선장은 이런 기회를 틈타 순풍에 돛을 올리고 출범해버렸다. 캉디드가 깜짝 놀라 아연실색해 있는 동안 배는 곧 시야에서 사라졌다.

"아뿔싸! 이건 정말 구세계다운 속임수로군!"

실제로 그가 잃어버린 것은 군주 20명의 재산과 맞먹는 것이어서 캉디드는 깊은 슬픔에 빠져 항구로 돌아왔다. 육지에 내리자마자 그는 곧장 네덜란드 판사를 찾아갔다. 분노에 휩싸인 채 문을 시끄럽게 두들겨댔고, 법정 안으로 들어가 자신이 당한 일을 필요 이상으로 목청을 높이며 설명했다. 판사는 먼저 소란을 일으킨 것에 대해 만 피아스터의 벌금형을 선고한 다음 그가 하는 말을 끈기 있게 들어주었다. 선장이 돌아오면 그의 사건을 조사하겠다고 약속한 판사는 법정의 심문 수수료로 만 피아스터를 지불하라고 명령했다.

이 일은 캉디드를 절망에 빠지게 만들었다. 사실 이보다 천배는 더 가혹한 일들도 겪었지만 판사의 오만무례함과 선장의 악행으로 분노가 치밀어 올라 심각한 우울증에 빠지고 말았다. 인간의 악행은 너무나도 추악한 것이어서 캉디드의 머릿속은 온통 비관적인 생각으로 가득했다. 마침내 프랑스 배가 보르도로 출발한다는 소식을 듣고 이제는 다이아몬드를 싣고 있는 양도 없으니 통상적인 가격으로 선실 하나를 빌렸다. 그 후에 자신과 함께 여행을 떠날 정직한 사람에게 뱃삯과 임금을 주겠다는 소문을 냈다. 게다가 그 사람이 이 지역에서 자신의 처지에 가장 불만이 많으며 가장 불행한 사람이라면 2천 피아스터를 더 주겠다는 조건도 내걸었다.

대규모 함대로도 수용하지 못할 정도로 많은 지원자들이 몰려왔다. 자신의 의도에 가장 적합한 사람들 중에서 선택하고 싶었던 캉디드는 저마다 적임자라고 주장하는 사람들 중에서 가장 사교적인 인물로 보이는 스무 명을 선택했다. 그는 그들을 여관에 모아놓고 각자가 자신의 사연을 숨김없이 말하겠다는 맹세를 하는 조건으로 저녁 식사를 제공하겠다고 했다. 자신의 처지에 가장 만족하지 못하는 것으로 보이는 사람을 선택할 것이며 나머지 사람들에게는 약간의 선물을 증정하겠다고 약속했다.

그 특별한 모임은 새벽 4시까지 계속되었다. 그들의 사연을 들으며 캉디드는 부에노스아이레스를 향해 오면서 배를 타고 있는 사람들 중에 아주 큰 불행을 겪지 않은 사람은 단 한 명도 없을 것이라던 노파의 말을 떠올렸다. 그는 저마다의 사연을 들을 때마다 팡글로스를 생각했다.

"팡글로스 선생님이 자신이 애지중지하는 가설을 증명하려면 난감하겠군. 여기에 계셨다면 얼마나 좋을까. 분명하게도 모든 것이 최선이라면 그건 엘도라도에서나 그렇지 나머지 세상에서는 전혀 그렇지 않아."

마침내 그는 10년 동안 암스테르담의 서점에서 일했던 불쌍한 철학자를 선택했다. 이 세상에서 그것보다 더 넌더리나는 직업은 없을 것이라고 판단했던 것이다.

　　이 철학자는 실제로 아주 훌륭한 사람이었지만 아내에게는 재산을 빼앗기고, 아들에게는 두들겨 맞았으며, 포르투갈 남자와 달아나버린 딸에게는 버림을 받았다. 생계를 의존하던 하찮은 직장에서 이제 막 쫓겨났으며, 자신을 소치니주의자라고 생각하는 수리남의 목사들에게 박해를 받았다. 다른 사람들도 그만큼이나 비참했지만, 캉디드는 화시이 있는 .7가 여행의 지루함을 덜어줄 것이라고 기대했다. 다른 지원자들은 모두 캉디드가 자신들을 매우 불공정하게 대했다고 불만을 터뜨렸지만, 캉디드는 그들에게 각각 백 피아스터를 주는 것으로 진정시켰다.

제20장

바다 위에서 캉디드와 마르틴에게 어떤 일이 일어났나

마르틴이라는 나이 많은 철학자는 캉디드와 함께 보르도로 향하는 배를 탔다. 두 사람 모두 그동안 많은 것들을 보고 엄청난 일들을 겪었으므로, 희망봉을 돌아 수리남에서 일본까지 항해한다 해도 여행 내내 도덕적인 악과 물리적인 악을 주제로 서로 충분히 논의할 수 있을 정도였다.

하지만 캉디드에겐 마르틴보다 훨씬 더 나은 점이 한 가지가 있었다. 불쌍한 철학자인 마르틴에겐 앞으로 기대할 것이 전혀 없었지만, 캉디드에겐 언제나 퀴네공드 양을 만날 것이라는 희망이 있었던 것이다. 게다가 캉디드에게는 돈과 보석들이 있었다. 이 세상의 가장 진귀한 보물들을 싣고 있던 붉은 양 100마리를 잃어버린 데다 네덜란드 선장의 악행을 생각하면 여전히 화가 치밀었지만, 아직도 남아 있는 것들을 생각할 때나 특히 배불리 식사를 한 후에 퀴네공드 양의 이름을 언급할 때면, 팡글로스의 가르침에 마음이 기울었다.

그는 철학자에게 이렇게 말했다.

"그런데 마르틴 씨, 선생은 이 모든 것들에 대해 어떻게 생각하십니까? 도덕적인 악과 물리적인 악에 대한 선생의 견해는 무엇인가요?"

"선생님, 신부들은 나를 소치니주의자[1]라고 비난하지만 사실 나는 마니교도[2]입니다."

"농담이겠죠. 이 세상에 더 이상 마니교도는 없잖아요."

"하지만 내가 그 마니교도입니다. 어쩔 수가 없어요. 다르게 생각할 도리가 없거든요."

"악마에게 사로잡힌 것이 분명하군요."

"악마는 이 세상의 모든 일에 깊이 관여하고 있으니, 다른 사람들과 마찬가지로 내 몸속에도 들어와 있을 수는 있겠죠. 솔직히 고백하자면, 천체를 바라보거나 이 작은 지구를 살펴보면 신이 어떤 악의적인 존재에게 지구를 넘겨주었다는 생각을 하지 않을 수가 없습니다. 엘도라도는 언제나 예외겠지만요. 나는 이웃 도시의 멸망을 바라지 않는 도시는 물론이고, 다른 가문의 몰살을 원하지 않는 가문을 본 적이 없습니다. 어디에서나 약자들은 비록 앞에서는 굽실거리지만 강자들을 증오하고, 강자들은 약자들을 털과 고기를 내다 팔기 위한 양처럼 취급합니다. 조직화된 백만의 암살자들이 보다 정직한 직업이 부족하다는 이유로 유럽의 한쪽 끝에서 다른 쪽 끝까지 몰려다니며 잘 훈련된 약탈과 살인으로 생계를 이어갑니다. 평화를 누리며 예술이 번성한 도시들에서도 포위공격을 당하고 있는 도시의 사람들보다 더 심한 탐욕과 걱정과 불안에 사로잡혀 있습니다. 눈에 띄지 않는 슬픔은 공공연한 재난보다 더 참혹합니다. 한마디로 말하자면, 나는 너무나도 많은 것을 보았고 너무나도 많은 일을 겪었기 때문에 마니교도가 된 것입니다."

"하지만 좋은 일도 어느 정도는 있습니다."

"그럴 수도 있지만 내가 알고 있는 것은 전혀 없습니다."

그들이 이런 논쟁에 빠져 있는 동안 대포 소리가 들리더니 점점 더 크게 들려왔다. 그들은 각자 망원경을 꺼내 3마일 쯤 떨어진 곳에서 배 두 척이 격렬하게 싸우고 있는 것을 보았다. 바람이 불어 그 배들이 프랑스 배 쪽으로 가까이 밀려 왔고 배에 타고 있던 우리의 여행자들은 편안히 그 싸움을 구경하게 되었다. 서로 일제사격을 퍼붓다가 마침내 한쪽 배가 정확하게 겨냥하여 쏘자 다른 배가 침몰하기 시작했다. 캉디드와 마르틴은 가라앉는 배에 백 명이 있다는 것을 분명히 알아차릴 수 있었다. 그 사람들은 하늘을 향해 손을 흔들어대며 처절한 비명을 질러댔으며, 순식간에 바다 속으로 가라앉고 말았다.

마르틴이 말했다.

"자, 이것이 인간들이 서로를 대하는 방법입니다."

"그렇군요. 이 사건에는 악마적인 어떤 것이 있군요."

이렇게 말하면서 그는 배 가까운 곳에서 붉은 빛이 나는 무언가가 바다 위에 둥둥 떠 있는 것을 보았다. 확인하기 위해 커다란 보트를 내려 다가가자 그것은 그의 양이었다! 캉디드는 엘도라도의 커다란 다이아몬드를 가득 실은 양 백 마리를 잃고 슬퍼했던 것보다 양 한 마리를 되찾은 것이 훨씬 더 기뻤다.

잠시 후에 프랑스인 선장은 승리한 배의 선장은 스페인 사람이며, 침몰한 배의 선장은 네덜란드 해적이라는 것을 알게 되었다. 캉디드에게 강도질을 했던 바로 그 자였다. 이 악당이 모았던 엄청난 약탈품은 그자와 함께 전부 바닷속에 수장되었으며 양 한 마리만 남게 된 것이었다.

캉디드가 마르틴에게 말했다.

"보시다시피 범죄는 언젠가는 벌을 받게 됩니다. 악당인 네덜란드 선장은 응분의 대가를 치른 겁니다."

"그렇죠. 하지만 왜 승객들도 죽어야만 하는 거죠? 신은 그 악당을 벌한 것이고, 악마는 나머지 사람들을 익사시킨 겁니다."

프랑스 배와 스페인 배는 항해를 계속했으며 캉디드는 마르틴과 계속 대화를 나누었다. 그들은 줄곧 15일간 논쟁했지만 의견의 차이는 처음과 다르지 않았다. 하지만 그들은 논쟁을 하며 생각을 교환한 것에 만족하며 서로를 위로해주었다.

캉디드는 양을 쓰다듬으며 말했다.

"너를 다시 찾았으니, 나의 퀴네공드 양도 다시 찾을 수 있겠구나."

■ 역주

1. 소치니주의자Socinians : 라리우스와 파우스투스 소치누스(16세기)의 추종자로 삼위일체 교리와 그리스도의 신성, 악마의 실재, 물리적임 총체적인 인간의 악행, 대속과 영원한 벌을 부정했다.

2. 마니교도Manichean : 마네스 또는 마니카이우스(3세기)의 추종자. 선하고 악한 두 가지 원리가 있다고 주장했던 페르시아인. 두 가지 원리가 동등하게 이 세상의 통치에 강력한 힘을 갖는다고 주장했다.

제21장
캉디드와 마르틴이 프랑스 해안에서 논쟁을 계속하다

마침내 그들은 프랑스 해안을 발견했다.

캉디드가 말했다.

"마르틴 씨, 프랑스에 가보신 적은 있습니까?"

"그럼요. 여러 지방을 가보았죠. 어떤 곳은 주민의 절반이 바보이거나 미치광이였고, 어떤 곳에는 매우 약삭빠른 사람들이 있었죠. 또 어떤 곳에서는 전반적으로 친절하거나 난폭했고, 반면에 잘난 척을 즐겨하는 사람들도 있었습니다. 전체적으로 주된 관심사는 사랑이고 그 다음이 중상모략 그리고 마지막이 허튼소리를 한다는 것이었습니다."

"그런데 마르틴 씨, 파리에는 가보셨나요?"

"물론 가봤지요. 그곳에서 이런 종류의 사람들을 모두 보았습니다. 그곳은 카오스죠. 모두 다 쾌락을 추구하지만 만족하는 사람은 거의 없는 혼란스러운 대중이 있는 곳이죠. 적어도 내겐 그렇게 보였습니다. 그곳에는 잠시만 머물렀습니다. 도착해서 생제르멩 시장에서 소매치기와 사기꾼에게 갖고 있던 것을 모두 털렸는데, 도리어 내가 도둑으로 몰려 체포됐고 일주일 내내 감옥에 갇혀 있었어요. 그 후에는 네덜란드로 걸어서 돌아가는데 필요한 여비를 모으느라 인쇄소에서 교정일을 했어요. 나는 삼류 작가들과 불평분자들 그리고 광신자들을 알게 되었죠. 파리에는 매우 세련된 사람들이 있다고들 하던데, 나도 그 말을 믿고 싶군요."

"나는 프랑스를 보고 싶은 마음은 전혀 없습니다. 선생께서도 쉽게 짐작하시겠지만 엘도라도에서 한 달을 보내고 난 후로는 퀴네공드 양 외에는 이 세상에서 보고 싶은 것이 전혀 없습니다. 베네치아로 가서 그녀를 기다리려고 합니다. 프랑스를 가로질러 이탈리아로 가게 될 겁니다. 나와 동행하시겠습니까?"

"기꺼이 그렇게 하겠습니다. 베네치아는 그곳의 귀족들에게만 살기 좋은 곳이라고들 하지만 돈만 많다면 외국인들도 환대를 받는다고 하더군요. 나야 돈이 한푼도 없지만, 당신은 돈이 많으니 이 세상 어디라도 당신을 따라다니겠습니다."

"그런데 선생은 이 지구가 원래는 바다였다는 것을 믿습니까?

선장이 가지고 있던 커다란 책에서 그렇게 주장하고 있는 것을 읽었잖아요."

"나는 전혀 믿지 않습니다. 얼마 전에 퍼졌던 허황된 그밖의 많은 헛소리들만큼이나 믿지 않습니다."

"그렇다면 이 세상은 어떤 목적으로 만들어진 것일까요?"

"우리들을 미치게 하려고 만들어진 것이죠."

"전에 이야기했듯이, 오레용족의 두 여자가 원숭이를 사랑했다는 것이 무척 놀랍지는 않던가요?"

"전혀 놀랍지 않습니다. 그런 열망이 이상하다고 생각하지도 않습니다. 그동안 터무니없는 것들을 너무 많이 봤기 때문에 이젠 놀라지도 않거든요."

"인간이 언제나 지금처럼 서로를 학살해왔다고 생각하십니까? 인간은 언제나 거짓말을 하고, 사기를 치고, 배신하고, 은혜를 모르고, 변덕스럽고, 시기하고, 야망을 품고 잔혹하다고 생각하십니까? 그들은 언제나 도둑이며, 바보, 겁쟁이, 폭식가, 술주정뱅이, 수전노, 중상모략가, 난봉꾼, 광신자이며 위선자인 것일까요?"

그러자 마르틴이 물었다.

"그렇다면 매는 비둘기를 발견하면 언제나 잡아먹는다고 생각하십니까?"

"당연히 그렇지요."

"그러면, 매의 본성이 언제나 똑같다면 왜 인간의 본성은 바뀔 수 있다고 생각하십니까?"

"오! 그건 전혀 다르지요. 자유의지가 있기 때문에……"

이렇게 논쟁을 하는 동안 그들은 보르도에 도착했다.

제22장
프랑스에서 캉디드와 마르틴에게 일어난 일

캉디드는 이제 마르틴 없이는 여행을 할 수 없었다. 그래서 엘도라도의 조약돌 몇 개를 팔아 안락한 2인용 마차를 구하는데 필요할 정도의 시간 동안만 보르도에 머물렀다. 그곳에서 그가 아쉬워했던 건 단지 보르도의 과학아카데미에 기증한 붉은 양과 헤어지는 것뿐이었다. 보르도의 과학 아카데미는 그 해의 현상논문 주제를 〈이 양의 털은 왜 붉은 색인지를 논증하라〉로 결정했으며, 북부 지방의 학자가 수상자로 선정되었다. 그는 A 더하기 B 빼기 C 나누기 Z를 활용해 그 양의 털은 붉은 색이어야만 하며, 디스토마로 죽게 되어 있다고 논증했다.

한편, 캉디드가 여행 중에 여관에서 만난 사람들은 그에게 한

결같이 '우린 파리로 갑니다'라고 했다. 이런 보편적인 열망에 결국 캉디드도 이 수도를 보고 싶어 하게 되었다. 게다가 베네치아로 가는 길에서 그다지 많이 '우회하는' 것도 아니었다.

그는 생마르소의 교외를 거쳐 파리로 들어가면서 베스트팔렌에서도 가장 구질구질한 마을에 온 것 같다고 생각했다.

여인숙에 도착한지 얼마 되지 않아 캉디드는 그동안에 쌓인 피로로 인해 가벼운 몸살을 앓게 되었다. 여관에 있던 사람들은 그가 손가락에는 매우 큰 다이아몬드 반지를 끼고 있으며, 그의 짐 중에는 엄청나게 무거운 상자가 있다는 것을 알아차렸다. 그러자 부르지도 않은 의사 두 명이 와서 그를 보살폈고, 한번도 본 적이 없는 살가운 친구들이 그의 곁을 떠나지 않았으며, 열성적인 여신도 두 명이 정성 들여 따뜻한 수프를 끓여 주었다.

마르틴이 말했다.

"첫 번째 여행 도중에 파리에 왔을 때 나도 몸이 아팠던 것이 기억나는군요. 무척 가난했던 내게는 친구도 열성적인 여신도 그리고 의사도 없었지만 금세 회복되었죠."

하지만 약을 먹이고 피를 뽑아내는 바람에 캉디드의 병은 점점 더 악화되었다. 교구의 신부가 찾아와 저승에서 상여꾼에게 지불할 수 있는 면죄부를 사라고 은근하게 권했다. 캉디드가 거절하

Martin voulut jeter l'habitué par les fenêtres .

Candide . Ch. 22 .

자 열성적인 여신도들은 그것이 새로운 유행이라며 설득하려 했다. 캉디드는 자신은 유행을 따르는 사람이 아니라고 대답했다. 마르틴은 신부를 창문 밖으로 내던져 버리려 했다. 그러자 신부는 캉디드가 죽으면 땅에 묻히지 못하게 될 것이라며 험담을 해댔다. 마르틴은 계속 귀찮게 하면 신부를 산 채로 묻어버리겠다고 으르댔다. 말다툼은 점점 더 험악해지면서, 마르틴이 신부의 어깨를 잡아 거칠게 문밖으로 내쫓아버리자 엄청 시끄러운 소동이 일어나면서 고소하는 일까지 벌어졌다.

캉디드는 건강을 되찾았으며, 여행을 할 정도가 될 때까지 아주 많은 친구들이 찾아와 그의 방에서 함께 저녁 시간을 보냈다. 그들은 큰 도박판을 벌였다. 캉디드는 자신이 한번도 이기지 못하는 것에 깜짝 놀랐지만 마르틴은 전혀 놀라지 않았다.

마을에서 캉디드를 환대해준 사람들 중 몸집이 작고 말쑥한 페리고르 출신의 사제는 온갖 일에 참견하기 좋아하는 인물로 언제나 약삭빠르게 알랑거리고 분주하게 오가며 아첨을 했다. 그는 마을에 도착하는 외지인들을 지켜보고 있다가 접근하여 떠도는 온갖 소문들을 전해주고, 다양한 가격으로 오락거리를 제공해주었다. 그는 우선 캉디드와 마르틴을 새로운 비극이 상연되고 있는 극장으로 데려갔다. 우연하게도 캉디드는 상류층 인사들과 가까운 곳에 앉게 되었다. 그는 가장 감동적이고 가장 훌륭한 연기를 펼치는 장면에서 눈물을 흘렸다. 박산에 옆에 앉았던 비평가들 중의 한 명이 그에게 말했다.

"눈물을 흘리는 건 매우 잘못된 일이오. 여배우의 연기는 끔찍하고, 상대역 배우는 더 끔찍하고, 작품 자체는 저 배우들보다 더 형편없어요. 작가는 아랍어를 한마디도 모르지만 배경은 아라비아잖소. 게다가 그는 본유관념도 믿지 않는 사람이오. 내일 내가 작가에 대한 혹평이 실린 소논문 스무 편을 갖다 드리겠소."

캉디드가 사제에게 물었다.

"시제님, 프랑스에는 희곡이 몇 편 정도나 있습니까?"

"5~6천 편은 될 거요."

"정말 그렇게나 많습니까? 그중에 훌륭한 작품은 몇 편이나 될까요?"

"대략 열대여섯 편이죠."

마르틴이 말했다.

"정말 많군요."

캉디드는 가끔씩 공연되는 약간 지루한 비극에서 엘리자베스 여왕을 연기했던 여배우가 대단히 마음에 들었다. 그는 마르틴에게 말했다.

"저 여배우가 아주 마음에 드는군요. 퀴네공드 양과 닮았어요. 인사를 나눌 수 있다면 정말 좋을 것 같아요."

그러자 페리고르의 사제가 소개해주겠다고 제안했다. 독일에서 자란 캉디드는 이런 경우에 어떤 예의를 갖추어야 하는지 그리고 프랑스에서는 영국 여왕을 어떻게 대하는지 물어보자 사제가 대답했다.

"그 문제에서는 약간의 차이를 둘 필요가 있습니다. 시골 마을에서는 여배우들을 선술집으로 데려가고, 파리에서는 아름다움을 유지하는 동안에는 무척이나 존중해주지만 죽고 나면 바로 길바닥에 내던져 버립니다."

캉디드가 말했다.

"어떻게 여왕을 길바닥에 던진단 말입니까?"

마르틴이 말했다.

"그건 사실입니다. 그의 말이 맞아요. 모님 양이 죽었을 때, 그러니까 흔히 말하듯이 이승에서 저승으로 떠났을 때 나는 파리에 있었거든요. 그녀는 그 사람들이 '매장의 영예'라 부르는 것을 거절당했어요. 한마디로, 교구의 보기 흉한 묘지에서 인근의 온갖 거렁뱅이들과 함께 썩어가는 특권을 거부당했던 거죠. 그녀는 부르고뉴 거리의 한 모퉁이에 묻혔습니다. 고상한 생각을 품고 있던 그녀에겐 분명 엄청나게 충격적인 일이었을 겁니다."

캉디드가 말했다.

"그건 정말 무례한 짓이로군요."

"이곳 사람들의 방식이니 어쩌겠습니까? 이 세상의 온갖 모순과 불합리를 한번 생각해 보세요. 이 우스꽝스러운 나라의 정부와 법정 그리고 교회와 공연장에서 그런 것들을 모두 확인하게 될 겁니다."

"파리 사람들은 언제나 웃고 있다는 것은 사실인가요?"

캉디드가 묻자 이번에는 사제가 대답했다.

"맞습니다. 하지만 그건 아무 의미도 없죠. 그들은 모든 일에 대한 불만을 크게 웃음을 터뜨리는 것으로 드러내죠. 심지어 그들은 웃으면서 가장 혐오스러운 짓거리를 저지릅니다."

"내가 무척 감동했던 작품에 대해 그리고 내게 커다란 기쁨을 주었던 배우들에 대해 지독한 악담을 퍼부었던 그 건방진 돼지는 대체 누구입니까?"

캉디드가 묻자 사제가 대답했다.

"모든 연극과 모든 책에 대한 험담으로 먹고 사는 아무 짝에도 쓸모없는 작자죠. 거세된 환관들이 자신들에게 없는 능력을 지닌 모든 사람들을 미워하듯이 그자는 성공을 거둔 사람이 누구이든 다 미워합니다. 독액을 먹고사는 문학계의 독사들 중의 한 명이죠. 그는 비방글 장사꾼입니다."

"비방글 장사꾼이 뭡니까?"

"남을 비방하는 글이나 쓰는 프레롱 같은 작자들이죠."

캉디드와 마르틴과 페리고르의 사제는 층계참에 서서 공연이 끝난 후 밖으로 나오는 사람들을 바라보며 이런 얘기를 나누었다.

캉디드가 말했다.

"비록 내가 퀴네공드 양을 다시 만나기를 간절히 바라지만 클레롱 양과 저녁 식사를 하고 싶군요. 내가 보기에 그녀는 정말 훌륭해요."

사제는 상류층 사람들만 상대하는 클레롱 양에게 접근할 수 있는 인물이 아니었다.

"그녀는 오늘 저녁 약속이 있다고 하니 그 대신 내가 잘 아는 귀부인 맥으로 모시고 가겠습니다. 그 집에 가면 마치 오랫동안 파리에서 살았던 것처럼 파리에 대해 잘 알 게 될 겁니다."

천성적으로 호기심 많은 캉디드는 포부르 생토노레의 교외에 있는 귀부인의 집으로 안내해 달라고 했다. 그곳에서 사람들은 파로 놀이를 하고 있었다. 열두 명의 침울한 노름꾼들이 모서리가 접힌 카드를 몇 장씩 손에 들고 있었다. 그것은 그들이 겪은 악운의 기록인 셈이었다. 깊은 침묵이 그 자리를 지배했고, 판돈을 건 사람들의 얼굴은 창백했고 물주의 표정은 불안했다. 물주 옆에 앉은 여주인은 살쾡이 같은 눈으로 노름판을 주시했다.

그러다가 누군가가 점수가 나지 않았는데 카드 귀를 잘못 접거나 하면 그 즉시 단호하지만 공손하게 시정하도록 했다. 고객들을 잃지 않기 위해 그녀는 절대로 화를 내지는 않았다. 그녀는 자신이 파롤리냐크 후작부인이라고 자처했다. 열다섯 살인 그녀의 딸은 노름꾼들 사이에 앉아 직접 노름을 하면서 잔인한 운명을 벌충하려는 불쌍한 노름꾼들의 속임수를 은밀한 눈짓으로 어머니에게 알렸다. 페리고르의 사제와 캉디드와 마르틴이 들어섰지만 아무도 자리에서 일어나지 않았고, 인사도 하지 않았고, 쳐다보지도 않았다. 그들은 온통 자신들의 카드에만 사로잡혀 있었다.

캉디드가 말했다.

"튄더텐트론크 남작부인도 이보다는 더 정중하게 대했을 겁니다."

하지만 사제가 귓속말을 하자 후작부인은 자리에서 엉거주춤 일어나며 캉디드에게는 우아한 미소를 짓고, 마르틴에게는 고개를 까딱 숙여 인사했다. 그녀는 캉디드에게 자리를 권하고 카드 한 벌을 내주었고, 캉디드는 두 판에 5만 프랑을 잃었다. 그 후 그들은 호사스러운 저녁 식사를 했으며, 사람들은 모두 캉디드가 돈을 잃고도 전혀 흔들리지 않는 것에 깜짝 놀랐다. 하인들은 상스러운 어투로 나직하게 수군거렸다.

"오늘 저녁엔 영국 귀족께서 왕림하셨군."

저녁 식사는 파리 사람들처럼 처음에는 조용히 음식을 먹다가 구별할 수 없는 말들이 시끄럽게 뒤엉키고 곧 이어 재미없는 농담들이 유언비어, 허황한 논리, 약간의 정치 이야기와 수많은 험담들과 함께 오고 갔다. 그들은 새로 나온 책에 대해서도 이야기를 나누었다.

"신학박사인 고샤 선생의 소설은 읽어보셨나요?"

페리고르 사제가 묻자 손님들 중 한 명이 대답했다.

"그렇소. 하지만 도저히 끝까지 읽을 수는 없었다오. 어이없는 책들이 정말 많기도 하지만 신학박사인 고샤의 뻔뻔함을 따라갈 책은 없을 거요. 나는 혐오스러운 그런 책들을 읽는데 진력이 나서 차라리 여기에서 파로 놀이나 즐긴다오."

"트루블렛 부주교가 쓴 〈논문집〉에 대해서는 어떻게 생각하세요?"

사제가 묻자 파롤리냐크 부인이 말했다.

"맙소사! 그처럼 지루한 인간에 대해선 말도 꺼내지 마세요! 세상이 다 알고 있는 걸 매번 반복하고 있으니 얼마나 끔찍합니까! 가볍게 언급할 가치도 없는 것을 얼마나 진지하게 논의하는지! 지혜도 없으면서 다른 사람들의 지혜를 도용하는 것도 모자라 훔쳐온 것을 또 엉망으로 만들어버리잖아요! 어쩌면 그렇게 역겨운지! 하지만 더 이상 역겨울 일도 없어요. 그의 책은 몇 쪽만 읽어보는 것으로도 충분해요."

그 자리에 있던 학식 있는 사람이 그녀의 말에 맞장구를 쳤다. 그들은 다음으로 비극에 대해 이야기했다. 후작부인은 어떤 비극들이 책으로는 읽을 수 없지만 공연은 계속되는 이유를 물었다. 학식 있는 그 사람은 거의 아무런 가치도 없는 작품이 어떻게 흥미를 끌 수 있는지를 알기 쉽게 설명해주었다. 그는 몇 마디 말로 이렇게 설명했다. 모든 소설에 등장하는 한두 가지의 상황만으로는 충분하지 않으며, 관객을 감탄시키기 위해서는 억지스럽지 않으면서 새로워야 하며, 종종 숭고하고 인제나 자연스러워야 하며, 저자는 인간의 마음을 완벽하게 알고 그것을 적절히 표현해야 하며, 작품 속의 어느 누구도 시인처럼 보이지 않게 하면서 위대한 시인이 되어야 하며, 언어를 완벽하게 알고 있어야 하며, 그 언어를 순수하고 가장 조화롭게 표현하되 운율을 맞추느라 의미를 훼손시키지 말아야 한다는 것이었다.

그리고 이렇게 덧붙였다.

"누구든 이 원칙들을 모두 지키지 않는다면 비록 극장에서 박수갈채를 받는 한두 편의 비극은 쓸 수 있겠지만 절대로 훌륭한 작가라고 할 수는 없어요. 훌륭한 비극은 매우 드뭅니다. 어떤 작품은 운율을 잘 맞춰 잘 쓴 대화체 전원시일 뿐이고 어떤 작품은 관객을 잠들게 하거나 반감을 불러일으키는 정치적 논의일 뿐이죠. 또 어떤 것들은 조잡한 문체로 작성된 미치광이의 헛소리고 밑도 끝도 없는 넋두리죠. 또 인간에게 말을 건네는 방법을 모르기 때문에 엉터리 격언이나 진부한 이야기를 과장되게 늘어놓으며 신을 소환하는 호소문에 불과해요."

캉디드는 이 이야기를 주의 깊게 듣고 그 사람의 훌륭한 생각을 마음속에 되새겼다. 그리고 후작부인이 캉디드를 자기 옆에 앉도록 배려하자 귓속말로 저토록 훌륭한 이야기를 하는 사람이 누구인지를 물어보았다.

"그는 학자입니다. 도박은 절대로 하지 않지만 사제가 가끔씩 저녁식사에 데려오곤 합니다. 비극과 책에 정통한 사람인데, 그가 쓴 비극 한 편은 혹평을 받았고, 그가 쓴 책은 나에게 헌정한 것 외에는 서점 밖에선 한 권도 볼 수 없었죠."

"위대한 사람이야! 또 한 명의 팡글로스 박사로군요."

캉디드는 그를 향해 이렇게 말했다.

"선생님께선 당연히 정신적으로나 물질적으로 이 세상의 모든 것이 최선이며 현재의 상태와 다른 것은 전혀 있을 수 없다고 생각하시겠죠?"

"나는 전혀 그렇게 생각하지 않습니다. 나는 이 세상의 모든 것이 실패했다고 생각합니다. 아무도 자신의 지위나 역할도 모르며, 자신이 하고 있는 일은 물론 해야만 하는 일이 무엇인지도 모릅니다. 언제나 즐겁고 제법 의견의 일치를 보이는 저녁식사 시간 외에는 늘 쓸모없는 논쟁으로 허송세월을 합니다. 얀센파는 몰리나파와, 의회는 교회와, 학자는 학자들과, 공무원은 공무원과, 금융업자는 시민들과, 아내들은 남편들과, 친척은 친척들과 다툽니다. 영원한 싸움인 거죠."

캉디드는 그의 말을 반박했다.

"나는 최악의 일들도 겪었습니다. 하지만 교수형이라는 불운을 당했던 현명한 분께서 모든 것이 놀라우리만큼 최선의 상태라고 가르쳐주셨습니다. 이런 일들은 그저 아름다운 그림 속에 있는 그림자일 뿐인 거죠."

그러자 마르틴이 말했다.

"그 교수형을 당한 분은 세상을 조롱한 거죠. 그 그림자는 끔찍한 얼룩이거든요."

캉디드가 말했다.

"얼룩은 인간이 만드는 것이고, 달리 어떻게 할 수가 없는 것이죠."

마르틴이 말했다.

"그렇다면 인간의 잘못은 아니로군요."

이 이야기를 전혀 이해할 수 없었던 노름꾼들은 대부분 술을 마셨고, 마르틴은 학자와 토론했으며, 캉디드는 자신이 겪었던 일들을 여주인에게 들려주었다.

저녁 식사가 끝나자 후작부인은 캉디드를 내실로 데리고 가 소
파에 앉게 했다.

"아, 그러니까 아직도 툰더텐트론크의 퀴네공드 양을 열렬히
사랑하신다는 말씀이로군요?"

캉디드가 대답했다.

"그렇습니다, 부인."

후작부인은 다정한 미소를 지으며 말했다.

"베스트팔렌에서 온 청년답게 대답하시는군요. 프랑스 남자라
면 '퀴네공드 양을 사랑했던 것은 사실이지만, 당신을 보고선 더
이상 그녀를 사랑하지 않게 될까 그것이 걱정입니다.'라고 말했
을 겁니다."

"아, 그렇군요! 앞으론 부인께서 원하시는 대로 대답하겠습니
다."

"그녀를 향한 열정이 그녀가 떨어트린 손수건을 주워 준 것에
서 시작되었더군요. 그렇다면 내게는 양말대님을 주워 주세요."

"기꺼이 주워 드리죠."

그렇게 말하며 캉디드는 대님을 주웠다.

"이제 대님을 동여매주세요."

캉디드는 대님을 동여매주었다.

"당신은 외국인이에요. 나는 때때로 파리의 내 연인들을 보름 동안 애타게 만들지만 베스트팔렌에서 온 젊은이에게는 내 나라의 주인 노릇을 해야 하니 첫날밤부터 기꺼이 허락하겠어요."

이 젊은 외국인의 손가락에 두 개의 커다란 다이아몬드가 끼어 있다는 것을 알아차린 그녀는 엄청난 찬사를 늘어놓았고, 캉디드의 손가락에 끼어 있던 다이아몬드는 순식간에 그녀에게 손가락으로 넘어가버렸다.

페리고르 사제와 함께 돌아오는 길에 캉디드는 퀴네공드 양에게 부정을 저질렀다는 생각에 약간의 후회를 했다. 사제도 고민에 빠져 있었다. 그는 캉디드가 노름판에서 잃은 5만 프랑과 거의 강탈당한 다이아몬드 두 개의 대가로 자신은 아주 적은 몫만 챙겼기 때문이었다. 그는 캉디드와의 친분을 이용해 최대한의 수익을 얻어야겠다는 계획을 세웠다. 그래서 그는 퀴네공드에 대한 이야기를 많이 했고, 캉디드는 베네치아에서 퀴네공드를 만난다면 자신의 부정에 대해 용서를 구하겠다고 했다.

사제는 더욱 더 공손하게 주의를 기울이며 캉디드가 하는 말과 행동 그리고 하고 싶어 하는 모든 일에 더욱 더 따뜻한 관심을 보였다.

"그러니까, 베네치아에서 그녀를 만나기로 하셨다는 거죠?"

163

"네, 사제님. 퀴네공드 양을 만나러 반드시 그곳에 가야만 합니다."

그리고 나서 사랑하는 사람에 대해 떠드는 즐거움에 빠져 언제나 그렇듯이 베스트팔렌에서 있었던 사연을 늘어놓았다.

사제가 말했다.

"그렇다면 퀴네공드 양은 상당한 재치가 있으니 멋진 편지도 쓰시겠군요?"

"그녀의 편지를 받아본 적은 없어요. 그녀와의 관계로 인해 성에서 쫓겨났으니 편지를 쓸 수도 없었죠. 얼마 지나지 않아 그녀가 죽었다는 소식을 듣게 되었고, 그 후에 살아 있는 그녀를 만났지만 다시 헤어졌죠. 지금은 여기에서 1만 2천 킬로미터 떨어진 곳으로 심부름꾼을 보내 그녀의 답변을 가져오길 기다리고 있는 중이에요."

사제는 한마디도 놓치지 않고 들으면서 골똘히 생각에 빠져 있었다. 곧이어 그는 두 외국인을 다정하게 안아준 후 그 자리를 떠났다. 다음 날 아침 눈을 뜨자마자 캉디드는 다음과 같은 짧은 편지를 받았다.

사랑하는 그대, 나는 이 도시에서 8일 동안 앓고 있어요. 당신이 여기에 있다는 소식은 들었어요. 몸을 움직일 수만 있다면 당신 품으로 달려가고 싶어요. 당신이 여기 보르도를 거쳐 간다고 들었어요. 그곳에 충직한 카캄보와 노파를 남겨 두고 왔는데, 곧 나를 따라올 겁니다.

부에노스아이레스의 총독이 모든 것을 다 빼앗아갔지만 내게는 당신의 마음이 남아 있군요. 어서 오세요! 당신을 만난다면 새 생명을 얻게 되거나, 너무 기뻐 죽게 될지도 모르겠군요.

뜻밖의 매혹적인 편지에 캉디드는 말로는 표현하지 못할 기쁨에 휩싸였고, 사랑하는 퀴네공드가 앓고 있다는 소식은 깊은 슬픔에 빠져들게 했다. 두 가지 격한 감정 사이에서 괴로워하던 그는 금과 다이아몬드를 챙겨 마르틴과 함께 퀴네공드 양이 묵고 있는 호텔로 급히 달려갔다. 온몸을 떨며 그녀의 방으로 들어서는 그의 심장은 두근거리고 목소리는 떨렸다. 그는 침대의 커튼을 열어제치면서 등불을 가져오라고 했다.

"조심하셔야 합니다. 불빛은 아가씨에게 해롭거든요."

시중을 들던 하녀가 커튼을 다시 치며 말했다.

캉디드는 울먹이며 말했다.

"내 사랑 퀴네공드, 몸은 어때요? 나를 볼 수 없다면 말이라도 해봐요."

하녀가 말했다.

"아가씨는 말을 할 수가 없습니다."

그러자 병든 여인이 침대 밖으로 포동포동한 손을 내밀었다. 캉디드는 그 손을 부여잡고 울다가 그 손 안에 다이아몬드를 가득 쥐어 주고 금이 들어 있는 가방을 안락의자에 놓아두었다.

이렇게 정신을 빼앗기고 있는 사이에 장교 한 명이 사제와 병졸들을 거느리고 방으로 들어왔다.

"저 두 사람이 수상하다는 그 외국인들이로군."

그는 그들을 체포한 다음 감옥으로 데려가라고 명령했다.

캉디드가 말했다.

"엘도라도에서는 여행자들을 이렇게 대접하진 않는데."

마르틴이 말했다.

"이제 나는 더욱 더 마니교를 신봉하게 되었습니다."

캉디드가 물었다.

"그나저나, 우리를 어디로 끌고 가는 거요?"

장교가 대답했다.

"지하감옥."

어느 정도 정신을 차린 마르틴은 퀴네공드를 가장한 여자는 맹랑한 사기꾼이며, 사제도 캉디드의 순박함을 이용해 먹은 악한이라고 판단했다. 그리고 또 한 명의 사기꾼인 장교쯤은 쉽게 다룰 수 있을 것이라고 생각했다.

캉디드는 마르틴의 조언에 따르기로 했다. 가짜가 아닌 진짜 퀴네공드를 보고 싶어 안달이 나 있던 그는 법정에 나가느니 차라리 장교에게 약 3천 피스톨의 가치가 있는 작은 다이아몬드 세 개를 주겠다고 제안했다.

상아로 만든 지휘봉을 든 장교가 말했다.

"아이고, 선생님. 상상할 수 있는 범죄를 모두 저질렀다 해도 내겐 선생님이 이 세상에서 가장 정직한 사람입니다. 다이아몬드 세 개라니! 하나에 3천 피스톨의 값어치가 있는 것을! 선생님, 감방으로 데리고 가는 대신 선생님을 돕는데 제 목숨을 바치겠습니다. 외국인들은 모두 체포하라는 명령이 있었지만, 저한테 맡겨 주십시오. 노르망디의 디에프에 제 동생이 있습니다. 제가 직접 그곳으로 모시고 갈 테니, 그 녀석에게 줄 다이아몬드 하나만 있다면 저만큼이나 잘 보살펴드릴 겁니다."

"그런데 왜 외국인을 모두 체포하려는 겁니까?"

페리고르 사제가 대답했다.

"아트레바티 지방의 어떤 형편없는 거지가 떠돌고 있던 터무니없는 소리를 들었기 때문입니다. 그 소리를 듣고 그 작가가 반역을 일으키려고 했던 겁니다. 1610년 5월이 아니라 1594년 12월의 반역 그리고 다른 해와 다른 달에도 여러 번 일어났던 것처럼 말도 안 되는 헛소리를 듣고 형편없는 악당들이 일으켰던 그런 반역이었죠."

장교는 사제가 하는 말의 의미를 설명해 주었다.

캉디드는 외쳤다.

"아, 이런 괴물들이 있다니! 언제나 춤추고 노래하는 국민들 사이에서 그런 끔찍한 일들이 벌어질 수 있단 말입니까? 원숭이가 호랑이를 선동하는 이런 나라를 빨리 벗어날 방법이 없을까요? 내 나라에서는 곰을 보았는데, 인간은 엘도라도에서만 보았던 것이로군요! 장교님, 제발 베네치아로 데려다 주시오. 그곳에서 퀴네공드 양을 기다려야 합니다."

"저는 남부 노르망디까지만 모셔다드릴 수 있습니다."

장교는 그 즉시 사람을 잘못 보았다면서 수갑을 풀어주도록 명령하고 졸병들을 돌려보냈다. 그는 캉디드와 마르틴을 안내해 디에프로 가서 자기 동생에게 넘겨주었다.

항구에는 작은 네덜란드 배가 정박해 있었다. 다이아몬드 세 개 덕분에 그 노르망디 사람은 이 세상에서 가장 친절한 사람이 되어 캉디드와 하인들을 이제 막 영국의 포츠머스 항구로 떠나려는 배에 태워주었다.

베네치아로 가는 가장 빠른 항로는 아니었지만 캉디드는 지옥에서 벗어나는 방법이라 생각했으며 적어도 베네치아로 향하는 자신의 여행을 다시 시작할 기회가 있으리라는 것을 의심하지 않았다.

제23장
영국 해안에 도착한 캉디드와 마르틴이 보았던 것들

"아, 팡글로스, 팡글로스! 아, 마르틴, 마르틴! 아, 내 사랑 퀴네공드, 이 세상은 대체 왜 이렇단 말입니까?"

캉디드는 네덜란드 배 위에서 이렇게 중얼거렸다.

마르틴이 말했다.

"참으로 어리석고 혐오스러운 곳이지요."

"영국을 아시지요? 그곳의 사람들도 프랑스 사람들만큼이나 어리석은가요?"

마르틴이 대답했다.

"조금 다른 종류의 바보들이죠. 아시다시피 두 나라는 눈에 파묻혀 있는 캐나다 한귀퉁이의 땅을 위해 전쟁을 하고 있는 중이거든요. 그 전쟁에다 캐나다 전체의 가치보다 더 많은 돈을 낭비하고 있어요. 정확하게 말씀드리자면, 정신병원으로 보내야 할 인간들이 어느 나라에 더 많은지는 나의 불완전한 판단력으로는 알 수가 없습니다. 내가 대체적으로 알고 있는 것이라곤 우리가 만나게 될 사람들의 기질이 매우 우울하다는 것입니다."

이런 이야기를 나누는 동안 그들은 포츠머스 항구에 도착했다. 해안에는 많은 사람들이 줄지어 서서 항구에 정박해 있는 군함들 중의 한 척에 두 눈을 헝겊으로 가린 채 무릎을 꿇고 있는 몸집이 큰 어떤 남자에게 시선을 고정시키고 있었다. 그 남자의 맞은편에는 네 명의 병사들이 서 있었다. 그들은 이 세상에서 가장 평온한 태도로 그 남자의 머리에 각각 세 발씩 총을 쏘았다. 그러자 모여 있던 사람들은 매우 만족해 하며 돌아갔다.

"아니, 이게 다 무슨 일입니까? 대체 이 나라에선 어떤 악마가 통치를 하고 있는 겁니까?"

캉디드는 성대한 의식을 갖춰 살해한 몸집이 큰 남자가 누구인지 물어보았다. 사람들은 그가 함대 사령관이었다고 대답했다.

"그런데 사령관을 죽인 이유는 뭡니까?"

"사람을 충분히 죽이지 못했기 때문이오. 프랑스 사령관과 전투를 했는데, 상대방에게 가까이 다가가지도 않았던 것으로 밝혀졌소."

"그렇다면 프랑스 사령관도 영국 사령관과 멀리 떨어져 있었다는 것 아니오."

"물론 그건 분명한 사실이오. 하지만 이 나라에서는 다른 사람들의 사기를 높이기 위해 가끔씩 사령관 한 명을 죽이는 것이 필요하다고 생각합니다."

보고 들었던 것에 너무 충격을 받은 캉디드는 해안에는 오르지도 않고 네덜란드 선장과 흥정하여 (수리남의 선장처럼 강도짓을 저지른다 할지라도) 즉시 베네치아로 떠나자고 했다.

선장은 이틀만에 항해 준비를 마쳤다. 프랑스 해안을 따라 항해하여 리스본이 보이는 곳을 지나갈 때 감격한 캉디드는 온몸을 떨었다. 배는 해협을 지나 지중해로 들어섰고, 마침내 그들은 베네치아에 상륙하게 되었다.

캉디드는 마르틴을 끌어안으며 말했다.

"정말 고맙습니다! 이곳에서 아름다운 나의 퀴네공드 양을 다시 만나게 되는군요. 나는 카캄보를 나의 분신처럼 믿습니다. 모든 것이 다 좋습니다. 모든 일이 다 잘될 것이고 모든 것이 최선입니다."

제24장
파케트와 지로플레 수사

베네치아에 도착한 캉디드는 카캄보를 찾아나섰다. 모든 여인 숙과 커피 하우스와 사창가를 뒤졌지만 찾을 수 없었다. 항구로 들어오는 모든 배에도 매일 사람을 보내 수소문했지만 카캄보에 대한 소식은 전혀 없었다.

캉디드가 마르틴에게 말했다.

"이게 어찌된 일이죠! 배를 타고 수리남에서 보르도로, 보르도에서 파리로, 파리에서 디에프로, 디에프에서 포츠머스로 와서 포르투갈과 스페인 연안을 따라 지중해를 건너와 베네치아에 몇 달 동안 머물고 있지만 아직도 아름다운 퀴네공드 양이 도착하지 않았다니 참으로 이상한 일입니다! 그녀는 만나지도 못하고 파리의 매춘부와 교활한 페리고르 사제나 만나지 않았나요. 퀴네공드 양은 죽은 것이 분명해요. 이제 나는 죽는 수밖에 없군요. 아! 이 지긋지긋한 유럽으로 돌아오는 것보다 엘도라도의 천국에 머무는 것이 더 나을 뻔했어요. 마르틴 씨, 당신이 옳아요. 모든 것이 고통이고 망상일 뿐입니다."

그는 심각한 우울증에 빠져, 오페라도 보러 가지 않았고 카니발에도 참여하지 않았으며 여자들에게도 전혀 관심이 없었다.

마르틴이 그에게 말했다.

"5~6백만 피아스터나 되는 돈을 자기 주머니에 갖고 있는 그 혼혈 하인이 세상 끝까지 가서 당신의 애인을 찾아 베네치아로 데려올 것이라고 생각했다니 정말 순진하군요. 그녀를 찾았다 해도 그가 차지했을 것이고, 찾지 못했다면 다른 애인을 구했겠지요. 이제 그 하인 카캄보와 퀴네공드 양은 잊으셔야 합니다."

마르틴의 말은 낙담한 캉디드에겐 위로가 되지 않았다. 캉디드의 우울증은 점점 심해졌다. 마르틴은 어쩌면 아무도 갈 수 없는 엘도라도 외에는 이 세상에 미덕이나 행복은 없다는 것을 계속해서 입증해보였다.

그들이 이런 중요한 주제에 대해 논쟁하면서 퀴네공드를 기다리는 동안, 캉디드는 산 마르코 광장에서 테아토 수도회의 젊은 수사 한 명이 어떤 여자와 팔짱을 끼고 있는 것을 보았다. 그 수사는 혈색이 좋고 통통하며 원기 왕성했다. 두 눈은 반짝이고 태도와 걸음걸이는 거만하고 당당했다. 얼굴이 매우 예쁜 그 여자는 노래를 부르고 있었다. 그녀는 은근한 눈매로 수사를 바라보면서 가끔씩 그의 통통한 뺨을 꼬집곤 했다.

캉디드가 마르틴에게 말했다.

"적어도 저 두 사람이 행복하다는 건 인정해야 할 것 같군요. 지금까지 엘도라도를 제외하곤 사람이 살고 있는 모든 곳에서 불행한 사람들만 만났지만 저 한 쌍의 남녀가 아주 행복하다는 것에는 내기를 해도 좋습니다."

"나는 저 사람들이 행복하지 않다는 것에 걸겠어요."

"그렇다면 우리와 함께 저녁식사를 하자고 부탁해보기로 합시다. 그러면 내 생각이 틀린 것인지 알게 되겠죠."

그는 즉시 그들에게 다가가 인사를 건네고 자신이 묵고 있는 여인숙에서 마카로니와 롬바르디아산 자고새와 철갑상어알 요리를 먹으면서 몬테풀치아노 포도주와 라크리마 크리스티 포도주와 키프로스와 사모스 포도주를 함께 마시자고 초청했다. 여자는 얼굴을 붉혔고 수사는 초대에 응했다. 수사를 따라가던 그녀는 당황하고 놀란 눈으로 캉디드를 바라보더니 눈물을 쏟아냈다. 캉디드의 방에 들어서자마자 그녀는 큰소리로 외쳤다.

"아, 캉디드 씨가 파케트를 알아보지도 못하시는군요."

온통 퀴네공드만 생각하고 있던 캉디드는 그때까지 파케트를 주의 깊게 보지 않았지만, 그녀의 말을 듣자 금세 알아보았다.

"아니! 네가 바로 팡글로스 선생님을 그 지경으로 만들었던 그 가엾은 아이란 말이냐?"

"아, 캉디드님. 그래요, 그게 바로 저였습니다. 다 알고 계시는군요. 남작부인과 아름다운 퀴네공드 양의 가족에게 일어났던 끔찍한 참변에 대해선 저도 잘 알고 있습니다. 제 운명도 그에 못지않게 비참했죠. 캉디드님이 저를 알던 그때는 제가 무척 순진했었죠. 저의 고해신부였던 프란체스코회 수사는 저를 쉽게 농락했어요. 그 결과는 끔찍했죠. 남작님이 당신의 엉덩이를 걷어차 내쫓은 지 얼마 지나지 않아 저도 성에서 쫓겨나야 했어요. 어느 유명한 의사가 저를 불쌍히 여기지 않았더라면 죽었을 겁니다. 얼마 동안 저는 그 의사의 정부로 지냈어요. 단순히 은혜에 보답을 하려는 것이었죠. 질투에 눈이 먼 그 사람의 부인은 매일 저를 무자비하게 때렸어요. 정말 표독한 여자였지요. 그 의사는 이 세상에서 가장 꼴사나운 남자였고 저는 가장 비참한 여자였어요. 사랑하지 않는 남자 때문에 끊임없이 맞아야 했으니까요. 아시겠지만, 성질 고약한 여자가 의사와 결혼하는 건 정말 위험한 일입니다. 아내의 행실에 화가 치민 그는 어느 날 아내의 가벼운 감기를 치료할 효과가 뛰어난 약을 지어주었는데 그녀는 끔찍한 경련

176

을 일으키며 두 시간 후에 죽어버렸죠. 부인의 친족들이 의사를 고발하자 그는 도망쳤고, 저는 감옥에 갇히게 되었지요. 만약 제가 예쁘지 않았다면 결백하다는 것만으론 감옥에서 풀려나지 못했을 겁니다. 판사는 자신이 의사의 자리를 이어받는다는 조건으로 저를 석방해주었죠. 얼마 지나지 않아 저는 경쟁자에게 밀려나 한푼도 없이 쫓겨났고 이 지긋지긋한 직업을 계속해야만 했어요. 남자들에게는 무척이나 즐거워 보이겠지만 우리 여자들에게는 가장 고통스러운 일이죠. 결국 저는 이 일을 계속하기 위해 여기 베네치아에 왔어요. 이! 늙은 상인, 변호사, 수도사, 뱃사공, 사제를 아무렇지도 않게 애무해야 하고, 학대와 모욕을 당하는 것이 어떤 일인지 상상도 못할 겁니다. 정말 꼴 보기 싫은 사내에게 선택받기 위해선 속치마도 자주 빌려야 하는 처지예요. 한 놈에게 번 돈을 다른 놈에게 빼앗기고, 또 치안판사 나리에게 강탈당하기도 하죠. 이렇게 끔찍하게 늙어서 병원이나 쓰레기장에서 죽게 되는 겁니다. 아무튼 제가 이 세상에서 가장 불행한 사람이라는 결론을 내리셔도 됩니다."

파케트는 그렇게 정직한 캉디드에게 자신의 속마음을 털어놓았다. 그 자리에 함께 있던 마르틴이 캉디드에게 말했다.

"내기의 반은 이미 내가 이긴 것 같군요."

식당에서 식사를 기다리는 동안 지오플레 수사는 와인 한두 잔을 마셨다.

캉디드가 파케트에게 물었다.

"하지만 내가 너를 만났을 때 너는 정말 즐겁고 만족스러워 보이더구나. 노래를 부르기도 하고 수사에게 너무나도 다정하게 굴어서 지금 불행하다고 말하고 있는 것과는 정반대로 정말 행복해 보이더구나."

"아, 이 직업의 가장 비참한 일들 중의 한 가지죠. 어제는 어느 장교에게 돈을 빼앗기고 두들겨 맞았지만, 오늘은 수사의 비위를 맞추기 위해 기분 좋은 척을 해야만 한답니다."

캉디드는 마침내 수긍하며 마르틴이 옳다는 것을 인정했다. 그들은 파케트와 수도사와 함께 식탁에 앉았다. 식사는 즐거웠다. 식사가 끝날 무렵 그들은 마음속에 있는 말들을 주고받았다.

캉디드가 수사에게 말했다.

"제가 보기에 신부님은 온 세상이 부러워할 정도로 즐겁게 사는 것 같습니다. 얼굴은 활짝 피었고 표정에는 행복이 넘치는군요. 기분전환을 위한 예쁜 여자도 있으니 수사라는 신분이 만족스러워 보이는군요."

"무슨 말씀을! 난 테아토 수사들을 모두 바다 깊숙이 빠뜨려버리고 싶은 심정입니다. 수도원에 불을 질러버리고 도망가서 이슬람교도가 되겠다는 생각을 백번도 더했을 겁니다. 열다섯 살 때

부모님은 빌어먹을 내 형의 재산을 불려주려고 나에게 이 혐오스러운 수도복을 입혔어요. 수도원에는 질투와 알력과 분노가 가득합니다. 내가 엉터리 설교로 약간의 돈을 거둬들이는 건 사실이지만, 그 중 반은 수도원장이 뺏어가고 나머지는 여자를 사는데 쓰지요. 하지만 밤에 수도원으로 돌아가면 기숙사의 벽에 머리를 들이박고 죽고만 싶습니다. 내 동료들의 사정도 모두 똑같아요."

마르틴은 평소처럼 무뚝뚝하게 캉디드를 바라보며 말했다.

"자, 내가 내기에 완전히 이긴 것 아닙니까?"

캉디드는 파게트에게 2천 피아스터를 주고, 지로플레 수사에게는 1천 피아스터를 주면서 말했다.

"이 돈이면 이 두 사람이 행복해질 것이라고 장담합니다."

"나는 전혀 그렇게 생각하지 않습니다. 아마 그 돈이 그들을 더욱 불행하게 만들 뿐일 겁니다."

"그럴 수도 있겠지만 위안이 되는 일 한 가지는 있군요. 다시는 만날 수 없을 것 같았던 사람들도 종종 만나게 된다는 것입니다. 어쩌면 붉은 양과 파케트를 만났듯이 퀴네공드 양도 다시 만날 수 있을 것 같군요."

"그녀가 당신을 아주 행복하게 만들어주게 되기를 바라지만 나로선 그게 참 의심스럽군요."

"당신은 전혀 믿지를 못하는군요."

"그렇게 살아왔거든요."

"저 곤돌라 뱃사공들은 언제나 노래를 부르고 있지 않습니까?"

"저 사람들이 집에서 아내와 자식들과 함께 있는 것은 보지 못했지요. 총독도 자신만의 근심이 있고 뱃사공도 그들만의 근심이 있는 거죠. 대체적으로 보자면 뱃사공의 팔자가 총독보다 더 나은 것은 사실이지만, 그 차이는 거의 없어서 따져볼 필요조차 없을 겁니다."

"사람들이 말하기를, 브렌타 강변의 멋진 궁전에 살고 있는 포코쿠란테라는 상원의원이 외국인들을 아주 세련되게 대접해준다고 하더군요. 그 사람은 걱정이라곤 전혀 해본 적이 없다고도 하더군요."

"그처럼 희귀한 사람이라면 나도 기꺼이 만나보고 싶군요."

캉디드는 즉시 포코쿠란테 의원에게 사람을 보내 다음날의 접견을 요청하도록 했다.

제25장
베네치아의 귀족 포코쿠란테를 방문한
캉디드와 마르틴

캉디드와 마르틴은 브렌타 강에서 곤돌라를 타고 포코쿠란테 의원의 대저택에 도착했다. 고상하게 정돈되어 있는 정원은 멋진 대리석 조각상들로 장식되어 있었다. 대저택은 아름답게 건축되어 있었으며, 이 집의 주인은 예순 살이었고 대단한 부자였다. 그는 정중하게 두 여행자를 맞이했지만 별다른 예의를 갖추지는 않아 캉디드는 약간 당황했지만 마르틴은 전혀 기분 나빠 하지 않았다.

우선 단정하게 차려 입은 예쁜 아가씨 두 명이 거품이 풍성하게 얹혀 있는 코코아차를 내놓았다. 캉디드는 그들의 아름다움과 우아한 태도를 칭찬하지 않을 수가 없었다.

상원의원이 말했다.

"아주 훌륭한 피조물들이지요. 이 도시의 귀부인들에겐 아주 진저리가 나서 가끔씩 저 아가씨들에게 잠자리의 시중을 들도록 합니다. 여기 귀부인들의 추파와 질투, 말다툼과 변덕, 인색함과 오만함과 어리석음에 싫증이 났거든요. 또 그녀들을 위해 시를 지어 바치는 것도 이젠 따분하기 때문이죠. 그런데 마침내는 이 두 아가씨에게도 싫증이 나기 시작하는군요."

차를 마신 후 커다란 미술관으로 걸어 들어간 캉디드는 그곳의 아름다운 그림들을 보고 깜짝 놀랐다. 그는 첫 번째 두 작품의 화가가 누구인지 물었다.

"라파엘의 그림이오. 몇 년 전에 허영심을 못 이겨 무척이나 비싸게 샀습니다. 이탈리아에서 가장 멋진 작품이라고들 하지만 전혀 마음에 들지 않아요. 색조가 지나치게 어둡고 인물들이 세련되지 않은 데다 두드러지지도 않아요. 걸치고 있는 옷들도 제대로 표현되지 않았어요. 한마디로, 쏟아지는 찬사에도 불구하고 나는 이 작품들이 자연을 제대로 모방하지 못했다고 생각합니다. 나는 자연 그 자체를 보고 있다는 생각이 드는 작품만을 좋아하지만, 그런 작품은 전혀 없더군요. 그림들을 아주 많이 갖고 있기는 하지만 그 가치는 아주 낮게 평가합니다."

식사가 준비되는 동안 포코쿠란테는 음악을 연주하도록 지시했고 캉디드는 입에 침이 마르도록 그 음악을 칭찬했다.

포코쿠란테가 말했다.

"이 소음도 30분 정도는 듣고 있을 만합니다. 그 이상 듣게 되면, 비록 아무도 인정하지는 않겠지만, 모두 다 지루해 합니다. 오늘날의 음악은 단지 어려운 곡을 연주하는 기술일 뿐이고, 어렵기만 한 곡은 오랫동안 즐길 수가 없어요. 만약 사람들이 오페라를 정말 불쾌한 괴물로 만들어버리는 비밀을 발견하지 못했더라면, 아마 나는 오페라를 더 좋아했을 겁니다. 나는 사람들이 음악을 곁들인 이 불쾌한 비극들을 어떻게 견뎌내는지 참으로 놀라울 뿐이오. 무대 위의 장면들이란 서너 곡의 우스꽝스런 노래들을 무리하게 끌고 가면서 인기 있는 여배우에게 목청을 과시할 기회를 주려고 만들어진 것에 불과해요. 카이사르나 카토의 역할을 맡은 거세된 남자가 떨리는 목소리로 노래하면서 점잔을 빼며 무대 위를 서성이는 것을 보며 황홀경에 빠지는 사람들도 있겠지요. 하지만 나로서는 현대 이탈리아의 자랑거리가 되었으며 군주들이 비싸게 구매해주는 이런 하찮은 오락거리는 아주 오래 전에 끊어버렸습니다."

캉디드는 조심스럽게 반박했고 마르틴은 상원의원의 견해에 전적으로 동의했다.

그들은 식탁에 앉아 훌륭한 식사를 한 후 서재로 들어갔다. 캉디드는 화려하게 장정되어 있는 호메로스의 책을 보면서 고귀한 베네치아의 양식을 격찬했다.

"저기에 독일 최고의 철학자인 위대한 팡글로스 선생님을 기쁘게 해주었던 책이 있군요."

포코쿠란테가 쌀쌀맞게 대답했다.

"나는 호메로스를 좋아하지 않습니다. 한때 그 책을 읽는 것이 즐겁다고 생각하려고 했던 적은 있었죠. 하지만 너무나도 비슷한 전쟁들이 계속해서 반복되고, 신들은 결정적인 역할도 하지 않으면서 언제나 개입하고, 전쟁의 원인인 헬레네는 작품 속에 거의 등장하지도 않습니다. 트로이는 그토록 오랫동안 포위 공격을 당하지만 함락되지도 않습니다. 이런 모든 것들이 나를 너무 지루하게 만들었습니다. 가끔 학자들에게 나처럼 이 작품이 지루하지는 않은지 물어보곤 했습니다. 정직한 학자들은 그 시를 읽으면 잠이 온다고 인정은 하지만 고대의 기념물로서 또는 더 이상 거래에 사용할 수 없는 녹슨 화폐처럼 서재에 갖춰 놓을 필요는 있다고 하더군요."

캉디드가 말했다.

"하지만 베르길리우스에 대해선 그렇게 생각하지 않으시겠지요?"

"그가 쓴 아이네이스의 제2, 4, 6권이 뛰어나다는 것은 인정합니다. 그러나 경건한 아이네아스와 강인한 클로안투스, 진구 아카테스, 어린 아스카니우스, 어리석은 라티누스 왕, 속물인 이마타 왕후, 그리고 따분한 라비니아 공주와 같은 인물들은 그보다 더 따분하고 불쾌할 수는 없다고 생각합니다. 오히려 나는 타소를 훨씬 더 좋아하고, 심지어 지루한 이야기꾼 아리오스토를 더 좋아합니다."

"의원님, 그렇다면 호라티우스를 읽고 만족하시지는 않으셨는지 물어봐도 되겠습니까?"

"그의 처세훈들은 세속적인 사람들에게 많은 도움이 될 수 있고, 활기찬 운문으로 작성되어 보다 쉽게 기억됩니다. 하지만 부룬두시움을 향한 여정과 형편없는 식사에 대한 이야기 그리고 그가 악의적인 외설로 가득한 말투라고 표현한 루필리루스라는 작자와 식초에 절어 있는 언어를 사용한다는 또 다른 작자 사이에 오간 추잡하고 상스러운 말다툼은 특별할 것이 전혀 없었소. 노파와 마녀들을 비난하는 상스러운 시구들은 무척이나 혐오스럽게 읽었고, 자신의 친구인 마에케나스에게 자신을 서정시인의 반열에 올려주기만 한다면 자신의 고결한 머리가 별에 닿을 것이라 말하는 것에서는 아무런 가치도 발견할 수 없었소. 무지한 독자들은 명성으로 작가를 판단합니다. 나의 경우엔, 나를 즐겁게 해주는 작품만을 읽습니다. 나에게 의미 있는 작품만을 좋아하는 거죠."

자신만의 판단을 내세워서는 안된다고 배웠던 캉디드는 그 말을 듣고 깜짝 놀랐지만, 마르틴은 그의 말이 상당히 합리적이라고 생각했다.

캉디드가 말했다.

"오, 여기에 키케로가 있군요. 이 위대한 인물의 작품은 의원님도 전혀 지루해 하지 않으실 것이라 생각합니다."

"그의 책은 전혀 읽지 않습니다. 그가 라비리우스나 클루엔티우스를 위해 변호를 하든말든 나와 무슨 상관이 있겠소? 내가 처리해야 할 소송 사건도 많아요. 그의 철학책은 조금 나아 보이지만 그가 모든 것을 의심한다는 걸 알고 나서는 나도 그만큼은 알고 있으며, 무지를 배우기 위한 안내서는 필요 없다는 결론을 내렸소."

마르틴이 탄성을 내질렀다.

"아! 여기 과학 아카데미의 80권짜리 논문집이 있군요. 아마 이 논문집에는 유용한 것들이 있을 겁니다."

포코쿠란테가 말했다.

"만약 그 쓰레기를 긁어모으는 사람들 중 한 명이 바늘 만드는 기술이라도 발견했다면, 그럴 수도 있겠죠. 하지만 이 논문집에는 온통 터무니없는 이론들만 있을 뿐이고 쓸모있는 것이라곤 단

한 가지도 없소.”

캉디드가 말했다.

“여기에 이탈리아어, 스페인어, 프랑스어로 작성된 희곡들도 많이 있군요.”

“그렇소, 3천 편이나 되지만 그나마 유익한 작품은 서른 댓 편도 안됩니다. 그 설교집들에 대해 말하자면, 전부 다 모아봐야 세네카의 작품 한 쪽의 가치도 없어요. 그리고 이 방대한 신학책들의 경우, 나는 물론이고 아무도 펼쳐보지 않았다는 건 충분히 알 수 있을 것이오.”

마르틴이 영국 책들로 채워진 서가들을 발견하고 상원의원에게 말했다.

“공화주의자라면 고귀한 자유의 정신으로 집필된 이 책들을 모두 좋아할 것이라고 생각합니다.”

“그렇소. 자신이 생각하는 대로 글을 쓴다는 것은 칭찬할 만한 일이죠. 그것은 인간의 특권입니다. 우리 이탈리아에서는 모두 자기가 생각하지도 않고 있는 것만을 쓰고 있습니다. 지금 카이사르와 안토니우스의 조국에 사는 사람들이 도미니크 수도사의 허락 없이는 감히 단 한 가지 생각도 배울 수 없습니다. 만약 격정과 당파심이 소중한 자유가 만들어낼 모든 것을 타락시키지만 않았다면 영국의 천재들을 고양시켰던 그 정신에 매혹되었을 것입니다."

밀턴의 작품을 보고 있던 캉디드는 이 작가를 위대한 인물이라고 생각하지 않는지를 물었다.

포코쿠란테가 대답했다.

"누구요? 창세기 제1장에 대해 귀에 거슬리는 시구로 열 권이나 되는 장황한 해설을 쓴 그 이교도 말이오? 천지창조를 훼손시킨 그리스 시인들의 상스러운 그 모방꾼 말이오? 모세는 하느님이 말씀으로 세상을 창조했다고 설명하는데, 메시아가 하늘나라의 병기고에서 한 쌍의 컴퍼스를 꺼내 이 세상을 설계했다고 하는 그 작자 말이오? 게다가 타소의 지옥과 악마를 망쳐놓았으며, 사탄을 때로는 두꺼비로 때로는 난쟁이로 변형시켜, 똑같은 말을 백번이나 반복하게 만들고 신학에 관한 논쟁을 벌이게 만들었으며, 아리오스토의 익살스러운 창작물인 총포를 진지하게 모방하여 악마들과 천사들이 하늘나라에서 서로에게 대포를 쏘았다고 설명하는 그런 작자를 내가 어찌 존중할 수 있겠소?

나는 물론이고 이탈리아의 누구라도 그런 음산한 백일몽을 좋아하지는 않을 거요. 그리고 죄와 죽음의 혼례와 죄에서 태어난 뱀들의 이야기는 최소한의 취향을 가진 사람이라도 구역질나게 만들기에 충분하오. 그리고 격리 병원에 관한 장황한 설명은 무덤 파는 인부에게나 쓸모있을 것이오. 이 역겹고 변덕스러우며

불쾌한 시는 처음 발표될 때 당연히 무시를 당했고, 지금 나는 그 자신의 나라에서 동시대의 사람들에게 받았던 그대로 대접해줄 뿐이오. 내가 생각하는 그대로 말하는 것일 뿐이고, 다른 사람들이 나처럼 생각하는지에 대해선 아무런 관심도 없소."

호머를 존경하고 밀턴을 좋아하는 캉디드는 그의 말에 마음이 아팠다. 그는 조심스럽게 마르틴에게 속삭였다.

"아아! 이 사람이 우리 독일 시인들도 무척이나 경멸하지는 않을까 두렵군요."

마르틴이 말했다.

"그렇다 해도 크게 해가 될 것은 없죠."

캉디드는 나지막히 말했다.

"오, 정말 뛰어난 사람이군. 포코쿠란테는 대단한 천재야. 아무것도 그를 만족시킬 수는 없구나."

서재를 둘러보고 난 후 그들은 정원으로 내려갔다. 캉디드는 정원의 아름다움에 찬사를 보냈다. 그러자 집주인이 말했다.

"이보다 더 흉한 것은 없을 거요. 여기에서 당신이 보는 모든 것이 그저 하찮은 것들뿐이오. 내일부터 좀 더 고상한 목적에 따라 나무들을 심을 것이오."

그곳을 떠나면서 캉디드는 마르틴에게 말했다.

"자, 자신이 소유하고 있는 모든 것 위에 있으니, 이제 이 사람이 세상에서 제일 행복한 사람이란 것을 인정해야 할 것입니다."

마르틴이 대답했다.

"하지만 자신이 소유한 모든 것을 싫어하는 것을 보지 않았습니까? 아주 오래 전에 플라톤은 모든 종류의 음식을 거부하는 위장은 좋은 위장이 아니라고 했어요."

캉디드가 말했다.

"하지만 모든 것을 비판하고 사람들이 아름다움만을 보는 것에서 결함을 지적하는 것에도 즐거움이 있지 않을까요?"

마르틴이 대답했다.

"그건 아무런 즐거움이 없는 것에도 어떤 즐거움이 있다는 그런 말씀인가요?"

"아, 사랑하는 퀴네공드를 만나게 된다면 결국 행복한 사람은 나뿐이라는 것이로군요."

마르틴이 말했다.

"희망을 갖는다는 것은 언제나 좋은 일이지요."

하지만 여러 날과 여러 주가 지났지만 카캄보는 돌아오지 않았다. 슬픔에 너무 깊이 빠져 있던 캉디드는 파케트와 지로플레 수사가 감사인사를 하러 돌아오지 않았다는 것조차 알아차리지 못했다.

제26장
캉디드와 마르틴이 저녁 식사에서 만난 여섯 명의 외국인

어느 날 저녁 캉디드와 마르틴은 같은 여인숙에 묵고 있는 몇 명의 외국인들과 함께 저녁식사를 하기 위해 식탁으로 가고 있었다. 그때 얼굴이 숯처럼 검은 사내가 캉디드의 등 뒤로 다가와 팔을 잡고 말했다.

"우리와 함께 떠날 준비를 하십시오. 꼭 그렇게 하셔야 합니다."

그 말에 몸을 돌린 그는 카캄보를 보았다! 퀴네공드를 만나는 일 외에 캉디드를 이보다 더 놀랍고 반갑게 만드는 일은 없었을 것이다. 그는 기뻐서 미칠 지경이 되어 사랑하는 친구를 얼싸안았다.

"당연히 퀴네공드 양이 여기에 있겠지? 지금 그녀는 어디에 있나? 나를 즉시 그녀에게 데려다주게. 그녀를 본다면 기뻐 죽을 수도 있겠네."

"퀴네공드 양은 여기에 없고, 콘스탄티노플에 계십니다."

"오, 맙소사! 콘스탄티노플이라니! 하지만 중국에 있더라도 그곳으로 날아갈 거야, 즉시 떠나세."

"저녁식사 후에 떠나도록 하시죠. 그 이상은 말씀드릴 수 없습니다. 저는 노예이고 저의 주인님께서 기다리십니다. 식사 시중을 들어야 하거든요. 아무 말 하지 마시고 식사를 하신 다음에 떠날 준비를 하십시오."

기쁨과 고통 사이에서 마음이 심란해진 캉디드는 충실한 심부름꾼인 카캄보를 다시 만나 기뻤고 그가 노예라는 사실에 놀랐지만 연인을 되찾는다는 새로운 희망으로 가슴이 뿌듯했다. 그는 두근거리는 심장과 혼란스러운 정신으로 마르틴과 함께 식탁에 앉았다. 마르틴은 이 모든 일들을 카니발을 즐기기 위해 베네치아에 온 여섯 명의 외국인들과 함께 차분하게 지켜보았다.

외국인들 중 한 명의 시중을 들고 있던 카캄보는 식사가 끝날 무렵이 되자 주인에게 가까이 다가서며 귀에 대고 낮은 소리로 말했다.

"폐하, 배가 준비되어 있으니 언제든 출발하시면 됩니다."

이렇게 말한 후 그는 밖으로 나갔다. 그 자리에 동석해 있던 사람들이 깜짝 놀라 아무 말도 없이 서로를 바라고 있을 때 또 다른 하인이 자신의 주인에게 다가가 말했다.

"폐하, 마차는 파도바에 있고 배가 준비되어 있습니다."

주인이 고개를 끄덕이자 하인은 밖으로 나갔다. 일행은 다시 한 번 서로의 얼굴을 바라보며 더욱 크게 놀랐다. 세 번째 하인이 세 번째 외국인에게 다가서며 말했다.

"폐하, 여기에 더 계시면 안됩니다. 제가 곧 모든 준비를 하겠습니다."

그리고 즉시 밖으로 나갔다.

캉디드와 마르틴은 이것을 당연히 카니발의 놀이이며, 이들이 가장무도회에 참여한 인물들일 것이라고 생각했다.

그때 네 번째 하인이 네 번째 주인에게 말했다.

"폐하, 언제든 출발하셔도 됩니다."

이렇게 말한 그도 다른 하인들처럼 밖으로 나갔다. 다섯 번째 하인 역시 다섯 번째 주인에게 똑같은 말을 했다. 하지만 여섯 번째 하인은 캉디드 옆자리에 앉아 있던 여섯 번째 주인에게 전혀 다른 말을 했다.

"그런데, 폐하, 그들이 더 이상 폐하나 저에게 외상을 주지 않겠다고 하니, 오늘 밤에 우리는 아마 감옥에 갇히게 될 겁니다.

그러니 제 앞가림은 제가 알아서 하겠습니다. 그럼, 안녕히 계십시오."

하인들이 모두 사라지고 여섯 명의 외국인과 캉디드와 마르틴은 깊은 침묵 속에 빠져들었다. 마침내 캉디드가 침묵을 깼다.

"여러분, 재미있는 농담을 아주 잘하시는군요. 그런데 왜 한결같이 왕이 되기로 하셨습니까? 저나 여기 있는 저의 친구 마르틴은 왕이 아니라는 걸 솔직하게 밝히겠습니다."

그러자 카캄보의 주인이 매우 근엄하게 이탈리아어로 말했다.

"전혀, 농담하고 있는 것이 아니오. 나는 아흐메트 3세이고, 오랫동안 터키의 황제였소. 나는 형을 폐위시키고 왕위에 올랐는데, 조카가 나를 폐위시키더니 대신들의 목을 베어버렸고 낡은 궁전에서 일생을 마치라는 형을 선고받았소. 내 조카인 마흐무드 황제는 건강을 위한 여행은 가끔씩 하도록 허락해 주었고, 그래서 베네치아에서 카니발을 즐기기 위해 온 것이오."

아흐메트 옆자리에 앉아 있던 젊은이는 이렇게 말했다.

"내 이름은 이반이오. 한때 러시아의 황제였지만 요람에 있을 때 폐위되었죠. 부모님은 감옥에 갇혔고 나는 그곳에서 자랐습니다. 비록 나를 감시하는 자들과 언제나 동행해야 하지만 가끔은 여행을 할 수 있어서, 카니발을 즐기러 베네치아에 왔습니다."

세 번째 외국인이 말했다.

"나는 영국의 왕인 찰스 에드워드요. 아버지는 나에게 합법적인 권한을 모두 넘겨주셨소. 나는 왕권을 지키기 위해 싸웠지만, 나의 지지자 8백 명 이상이 교수형을 당하고 내장이 뽑히고 사지가 찢겨 죽었고 나는 감옥에 갇히게 되었소. 할아버지와 나처럼 폐위 당하신 아버지를 뵈러 로마로 가는 중입니다. 베네치아에는 카니발을 즐기러 왔습니다."

네 번째 외국인이 말했다.

"나는 폴란드의 왕이오. 전쟁으로 물려받아야 할 영토를 빼앗겼습니다. 아버지도 나와 똑같은 우여곡절을 겪으셨습니다. 아흐메트 황제와 이반 황제, 그리고 신께서 오랫동안 지켜주시는 찰스 에드워드 왕과 마찬가지로 나도 모든 것을 신의 뜻에 맡기고 있습니다. 베네치아에는 카니발을 보러 왔습니다."

다섯 번째 외국인이 말했다.

"나 역시 폴란드의 왕이오. 나는 두 번이나 왕위에서 쫓겨났지만 신께서 다른 나라를 나에게 주셨습니다. 그곳에서 나는 사르마트의 모든 왕들이 비스툴라 강가에서 이룰 수 있었던 모든 것보다 더 훌륭한 일을 해냈소. 나 역시 모든 것을 신께 맡기고 있습니다. 베네치아는 카니발을 즐기러 왔습니다."

이제 여섯 번째 외국인의 차례가 되었다.

"여러분, 당신들처럼 대단한 군주는 아닙니다만 나도 왕입니다. 나는 테오도르이고 코르시카의 선출된 왕이오. 폐하라는 직함이 있었지만 지금은 형식적인 예우만 받고 있을 뿐입니다. 화폐를 직접 만들어내기도 했지만, 지금은 한푼도 없습니다. 국무대신을 둘이나 거느리고 있었지만 지금은 하인 한 명도 없습니다. 줄곧 왕좌에 올라 있었지만 런던에 흔히 있는 감옥의 지푸라기 위에 앉아 있어야 했습니다. 비록 여기 계신 폐하들처럼 베네치아에 카니발을 구경하러 왔지만, 여기에서도 그와 똑같은 대우를 받아야 할까 두렵군요."

그의 말을 주의 깊게 듣고 동정심이 생긴 다섯 명의 왕들은 옷을 사 입을 수 있도록 각각 금화 30세퀸씩을 불행한 테오도르 왕에게 건넸다. 캉디드는 2000세퀸의 값어치가 있는 다이아몬드 한 개를 선물했다. 다섯 왕들은 서로에게 말했다.

"우리보다 백배나 많은 돈을 줄 능력이 있으며, 실제로 그 돈을 주는 이 평민은 대체 누구일까요?"

그들이 식탁에서 일어나고 있을 때 네 명의 왕들이 식당으로 들어섰다. 그들 역시 전쟁으로 영토를 빼앗기고 카니발을 즐기기 위해 베네치아에서 온 것이었다. 하지만 캉디드는 새로 온 왕들에겐 아무런 관심도 없었다. 그의 생각은 온통 사랑하는 퀴네공드를 찾기 위해 콘스탄티노플로 떠날 여행에만 사로잡혀 있었다.

제27장
캉디드의 콘스탄티노플 여행

믿음직한 카캄보는 이미 아흐메트 3세를 모시고 콘스탄티노플로 돌아갈 예정인 터키인 선장을 설득하여 캉디드와 마르틴도 승선할 수 있도록 해놓았다. 두 사람은 모두 불행한 황제에게 정중하게 인사를 올린 후 배를 탔다.

배에 오르면서 캉디드가 마르틴에게 말했다.

"폐위된 여섯 명의 왕과 함께 저녁을 먹고 그들 중 한 명에게는 적선까지 했소, 아마 그들보다 더 불행한 왕들이 많이 있을 겁니다. 나로서는 고작 양 백 마리만을 잃어버렸을 뿐이고, 지금은 퀴네공드 양을 향해 달려가고 있는 중이로군요. 마르틴 씨, 그러니 팡글로스 선생님의 말이 옳았던 것이라고 말할 수밖에 없소.

모든 것이 최선을 위해 있는 것입니다."

"그렇기를 바랄 뿐입니다."

캉디드가 말했다.

"하지만 베네치아에서 우리는 대단히 생소한 일을 겪었던 겁니다. 폐위된 여섯 명의 왕이 일반인들의 여인숙에서 함께 저녁을 먹는다는 것은 아무도 본 적도 없고 이야기도 들어본 적이 없잖아요."

마르틴이 말했다.

"그동안 우리에게 일어났던 대부분의 일들보다 더 특별할 것도 없습니다. 왕들에게는 폐위가 무척이나 흔한 일이고, 우리가 그들과 식사를 하는 영광을 누린 것은 관심을 기울일 가치도 없는 사소한 일입니다."

배에 오르자마자 캉디드는 자신의 옛 하인이자 친구인 카캄보에게 달려가 다정하게 얼싸안았다.

"무엇보다, 퀴네공드 양에 대한 새로운 소식이 있나? 그녀는 여전히 아름답겠지? 여전히 날 사랑하겠지? 잘 지내고 있겠지? 당연히 그녀에게 콘스탄티노플에 있는 궁전을 하나 사주었겠지?"

카캄보가 대답했다.

"주인님, 퀴네공드 양은 프로폰티스의 접시도 거의 없는 어느

198

군주의 집에서 설거지를 하고 계십니다. 그녀는 지금 터키 황제가 귀양살이를 유지하도록 하루에 3크라운을 지급하고 있는 라고스키라는 옛 군주의 노예입니다. 하지만 더욱 나쁜 일은 아가씨가 미모를 잃고 지독한 추녀가 되셨다는 겁니다."

캉디드가 대답했다.

"아, 예쁘든 추하든 나는 신의를 존중하는 남자이니 여전히 그녀를 사랑하는 것은 나의 의무지. 그런데 500~600만어치의 다이아몬드를 가져갔는데 어쩌다 그녀가 그렇게 비천한 신분으로 떨어지게 되었나?"

"아! 퀴네공드 양을 빼내오기 위해 부에노스아이레스의 돈 페르난도 디바라 이 피게오라 이 마스카레네스 이 람푸르도스 이 소우자 총독에게 2백만을 주어야 하지 않았겠습니까? 게다가 해적이 나머지를 모두 뺏어가지 않았겠습니까? 그 해적이 우리를 마타판 곶으로 끌고 가 밀로, 니카라이, 사모스, 페트라, 다르나넬 해협, 마르마라 해, 스쿠타리로 가지 않았겠습니까? 퀴네공드 양과 노파는 제가 지금 말씀드린 그 군주를 모시게 되었고 저는 폐위된 황제의 노예가 되었습니다."

"참으로 소름끼치는 재난들의 연속이로구나! 어찌 되었든 아직 다이아몬드가 조금 남아 있으니 퀴네공드 양의 몸값은 쉽게 지불할 수 있을 거다. 그녀가 그렇게 추녀가 되었다니 안타까운 일이구나."

그리고 캉디드는 마르틴에게 물었다.

"선생은 아흐메트 3세와 이반 황제, 찰스 에드워드 왕과 나 중에서 누가 가장 불쌍하다고 생각하시나요?"

"그걸 제가 어찌 알겠습니까? 그걸 알 수 있으려면 당신들의 마음속으로 들어가 봐야겠지요."

"아, 팡글로스 선생님이 여기에 계셨다면 말씀해 주실 수 있었을 텐데."

"나로서는 팡글로스가 어떤 척도로 인간의 불행을 비교하고 그들의 슬픔을 정확하게 판단할지 모르겠습니다. 이 세상에는 찰스 에드워드 왕이나 이반 황제 또는 아흐메트 황제보다 백배는 더 불쌍한 사람들이 수백만 명이나 있을 것이라는 말씀만은 드릴 수 있습니다."

"그럴 수도 있겠지요."

며칠 후에 그들은 보스포러스 해협에 도착했고 캉디드는 우선 카캄보를 위해 아주 비싼 몸값을 치렀다. 그 후에 그와 그의 일행들은 퀴네공드가 제아무리 추해졌다 해도 프로폰티스에서 그녀를 찾기 위해 급히 갤리선에 올라탔다.

선원들 중에 노를 무척이나 서툴게 젓는 노예가 두 명이 있었고, 선장은 채찍으로 그들의 벌거벗은 어깨를 시시때때로 내리쳤다. 자연스럽게 동정심을 느낀 캉디드는 노를 젓는 다른 사람들보다 그들을 더 주의 깊게 바라보다가 불쌍히 여겨 가까이 다가갔다. 비록 많이 상하기는 했지만 그들의 얼굴은 팡글로스와 불운한 예수회 신부이며 베스트팔렌의 남작인 퀴네공드의 오빠와 약간 닮은 구석이 있었다. 그런 생각이 들자 캉디드는 마음이 동요되고 슬픔이 밀려와 한층 더 그들을 주의 깊게 바라보며 카캄보에게 말했다.

"내가 팡글로스 선생님의 교수형을 보지 못했거나, 남작을 죽이는 불행한 일을 지지르지 않았더라면, 노를 젓는 저 사람들이 그분들이라고 생각했을 거다."

남작의 이름과 팡글로스라는 말을 듣자마자 두 노예는 커다란 비명을 내지르며 노젓기를 멈추고 노를 떨어뜨렸다. 선장이 그들에게 달려와 채찍을 더욱 세차게 휘둘렀다.

"멈추시오! 돈은 원하는 만큼 드릴 테니 멈추시오, 선장!"

그러자 노예들 중 한 명이 말했다.

"아니 이런, 캉디드예요!"

다른 노예가 말했다.

"아니 이런, 캉디드로구나!"

캉디드는 외쳤다.

"내가 꿈을 꾸고 있는 것일까? 이것이 현실일까? 내가 갤리선을 타고 있는 것이 맞나? 이 사람이 내가 죽인 그 남작님일까? 내가 교수형을 당하는 것을 보았던 그 팡글로스 선생님일까?"

그러자 그들이 대답했다.

"맞아, 우리가 맞아!"

마르틴이 말했다.

"그러니까, 이 사람이 그 위대한 철학자라는 말입니까?"

"여보시오, 선장, 제국의 으뜸가는 남작들 중의 한 명인 툰더 텐트론크 남작님과 독일의 가장 심오한 철학자이신 팡글로스 선생님의 몸값으로 얼마를 받겠소?"

캉디드가 묻자 터키인 선장이 대답했다.

"기독교의 충견이로군. 기독교의 충견인 이 두 명의 노예가 남작과 형이상학자라니 분명 자기 나라에서는 높은 신분이었을 것이니 5만 세퀸은 내야겠소."

"그렇게 지불하겠소, 선장. 나를 지금 당장 콘스탄티노플로 데려다 주면 그 즉시 돈을 주겠소. 아니, 먼저 나를 퀴네공드 양에게 데려다 주시오."

그러나 선장은 캉디드의 첫 번째 제안에 이미 항로를 변경하고 선원들에게 하늘을 가로지르는 새보다 더 빠르게 노를 젓도록 명령했다.

캉디드는 남작과 팡글로스를 거듭해서 얼싸안았다.

"그런데 남작님, 제가 죽이지 않았던가요? 팡글로스 선생님은 교수형을 당하시고도 어떻게 다시 살아나신 건가요? 그리고 두 분은 왜 터키의 갤리선을 타게 되셨나요?"

"사랑하는 나의 누이가 이 나라에 있다는 게 사실인가?"

남작이 묻자 카캄보가 대답했다.

"그렇습니다."

팡글로스가 외쳤다.

"사랑하는 캉디드를 이렇게 다시 만나다니!"

캉디드가 두 사람에게 마르틴과 카캄보를 소개하자 그들은 서로를 껴안으며 한꺼번에 이야기를 쏟아냈다. 나는 듯이 나아간 갤리선은 어느새 항구에 도착했다. 캉디드는 즉시 유대 상인을 불러 10만 세퀸을 충분히 받을 수 있는 다이아몬드 한 개를 5만 세퀸에 팔았다. 그 유대인은 그 이상은 줄 수는 없다면서 아브라함을 걸고 맹세한다고 단언했다. 캉디드는 그 즉시 남작과 팡글로스의 몸값을 지불했다. 팡글로스는 자신을 구해준 그의 발아래 엎드려 눈물로 그의 발을 적셨고, 남작은 고개를 끄덕여 감사를 표시하면서 기회가 오면 즉시 갚겠다고 약속했다.

"그런데 내 누이가 터키에 있다는 것이 정말 가능한 일이란 말인가?"

"그녀가 트란실바니아 왕을 모시면서 접시를 닦고 있다고 하니, 분명합니다."

캉디드는 그 즉시 유대 상인 두 명을 불러 다이아몬드를 몇 개 더 팔았고, 일행은 모두 또 다른 갤리선에 올라 퀴네공드를 구하기 위해 출발했다.

제28장
캉디드와 퀴네공드와 팡글로스와 마르틴에게 일어난 일

캉디드가 남작에게 말했다.

"신부님, 칼로 신부님의 몸을 찔렀던 것을 다시 한 번 사과드립니다. 용서해 주십시오."

"그 일에 대해선 더 말하지 말게. 나도 조금 경솔했다는 걸 인정하겠네. 그보다 내가 어떤 운명으로 갤리선의 노예가 되었는지를 알고 싶어 하니 차라리 그 사연을 들려주겠네. 자네가 내게 입힌 상처는 교단의 의사가 치료해 주었다네. 그 후에 스페인 군대의 공격을 받고 끌려가 부에노스아이레스의 감옥에 갇히게 되었지. 내 누이가 그곳을 떠난 직후였어. 나는 총회장님이 계시는 로마로 돌아가게 해 달라고 요청했다네.

그분은 나를 콘스탄티노플에 있는 프랑스 대사관의 사제로 임명하셨네. 그곳에서 근무한 지 일주일도 안된 어느 날 저녁에 아주 잘 생긴 터키 황궁의 젊은 시종을 만나게 되었네. 날씨가 무척 더웠고 그 청년이 목욕을 하고 싶다고 해서 나 역시 목욕을 하려고 했지. 나는 기독교인이 이슬람교 청년과 함께 벌거벗고 있는 것이 죽을죄가 된다는 건 모르고 있었거든. 이슬람 법관이 발바닥 백 대를 때리고 갤리선으로 보내라는 판결을 내렸지. 그처럼 부당한 법령이 있을 거라곤 생각도 못했다네. 그나저나 내 누이가 어떻게 터키인들 사이에 숨어 있던 트란실바니아 군주의 접시닦이가 되었다는 것인지 알고 싶네."

캉디드가 팡글로스에게 물었다.

"그런데 팡글로스 선생님, 어떻게 제가 선생님을 다시 뵙게 될 수 있는 거죠?"

"자네가 교수형을 당하는 나를 보았던 건 사실이네. 나는 화형을 당하도록 되어 있었잖아. 자네도 기억하겠지만, 그들이 나를 불태우려고 할 때 비가 엄청나게 쏟아졌지. 불을 피울 수가 없었기 때문에 어쩔 수 없이 교수형을 집행했던 거야. 어느 외과의사가 내 시신을 샀고, 자기 집으로 가져가 해부를 했지. 그는 배꼽에서 쇄골까지 십자절개를 하기 시작했지.

그런데 나보다 더 어설프게 교수형을 당한 사람은 없을 걸세.

종교재판부의 사형 집행인은 보조 사제였는데 사람 태우는 방법은 너무나도 잘 알고 있었지만 목을 매다는 건 해보질 않아서 서툴렀던 거지. 목매는 밧줄은 젖어 있었고 제대로 끼워지지 않은데다 매듭도 엉망으로 묶여 있었던 거야. 한마디로, 나는 그때까지도 숨을 쉬고 있었던 거지. 그래서 십자절개를 할 때 나는 의사가 뒤로 나자빠질 정도로 굉장한 비명을 질러댔던 거고. 악마의 배를 가르고 있는 것이라고 생각한 그는 잔뜩 겁에 질려 도망치다가 계단에서 굴러 떨어졌어. 그 시끄러운 소리를 듣고 옆방에 있던 그의 아내가 달려 나왔지. 배가 십자형으로 갈라진 채 탁자 위에 팔다리를 뻗고 누워 있는 나를 보게 된 그녀는 자기 남편보다 더 큰 공포에 사로잡혀 도망치다가 남편 위에 엎어져 버리고 말았지.

잠시 후에 그들이 제정신을 차렸고, 나는 그 아내가 남편에게 하는 말을 들었네.

'여보, 어떻게 이교도를 해부할 생각을 한 거예요? 저 사람들의 몸에는 언제나 악마가 깃들어 있다는 걸 모른단 말이에요? 내가 즉시 달려가서 신부님을 모셔와 악귀를 몰아내야겠어요.'

그 말을 듣고 온몸이 오싹해진 나는 그나마 남아 있는 용기를 내서 큰소리로 외쳤지.

'내게 자비를 베풀어주시오!'

마침내 그 의사는 기운을 차리고, 내 상처를 꿰매주었고 그의 아내도 나를 간호해 주었다네. 2주가 지날 무렵에 회복된 나는 걸어 다닐 수 있게 되었지. 그 의사가 베네치아로 가려고 하던 몰타 기사의 종복으로 일할 수 있게 주선해주었어. 그런데 내 주인이 급료를 지급할 돈이 없다는 걸 알게 된 나는 베네치아 상인을 모시게 되었고, 그를 따라 콘스탄티노플까지 오게 된 거야.

어느 날 우연히 들어간 이슬람교 모스크에서 노인 한 명과 매우 예쁜 젊은 여신도를 보게 되었다네. 기도를 올리고 있던 그녀는 가슴팍을 드러내놓고 있었고 그 사이에는 튤립과 장미, 아네모네, 라넌큘러스, 히야신스, 앵초로 만든 꽃다발이 꽂혀 있었다네. 그녀의 꽃다발이 떨어지길래 나는 즉시 달려가 주워서 매우 정중하게 인사를 하며 건네주었지. 꽃다발을 건네주는 시간이 너무 길어지자 그 노인이 화를 내기 시작했고, 내가 기독교인이라는 것을 알게 되자 큰소리로 외쳐 사람들을 부르더군.

그들은 나를 법관에게 끌고 갔고, 그 법관은 발바닥 백 대를 때리고 갤리선으로 보내라는 판결을 내렸지. 그렇게 해서 나는 젊은 남작님과 똑같은 갤리선에 똑같은 자리에 묶여 노를 젓게 된 걸세. 그 갤리선에는 마르세유의 청년 네 명과 나폴리의 신부 다섯 명과 케르키라 섬에서 온 수사 두 명이 있었는데, 우리가 당한 것과 같은 일들은 매일 일어난다고 하더군. 남작님은 자신이 나보다 더 부당한 일을 당한 것이라고 주장했고, 나는 황궁의 시종과 함께 벌거벗고 있는 것을 들키는 것보다 꽃다발을 주워 여자의 가슴에 다시 꽂아주는 것이 훨씬 결백한 일이라고 주장했지. 우리는 계속해서 말다툼을 벌였고 이 세상에서 일어나는 흔한 사건들의 연결로 인해 자네들이 갤리선에 탔을 때, 채찍으로 20대씩 맞고 있었던 것이고, 자네가 몸값을 치러 우리를 자유롭게 해준 것이지."

캉디드가 팡글로스에게 말했다.

"그런데, 팡글로스 선생님. 그동안 교수형과 해부와 채찍질을 당하고 노를 저으셨는데 여전히 모든 것이 최선을 위한 것이라고 생각하십니까?"

"나의 처음 견해를 여전히 견지하고 있다네. 나는 철학자이고 그것을 취소할 수는 없기 때문이지. 특히 라이프니츠는 절대로 틀릴 수가 없거든. 게다가 예정된 조화[1]는 이 세상에서 가장 훌륭한 것이고 진공충만설과 미세물질[2]도 마찬가지지."

■ 역주

1. 세계의 조화는 신의 의지에 의해 미리 정해져 있다는 라이프니츠의 이론.

2. 데카르트는 진공의 존재를 부정하면서, 공간은 미세물질로 채워져 있다고 보았다.

제29장
캉디드는 어떻게 퀴네공드와 노파를 다시 찾았나

캉디드와 남작, 팡글로스, 마르틴, 카캄보가 각자 겪었던 일들을 이야기하고, 이 세상의 우연이거나 필연적인 사건들에 대해 추론하고, 원인과 결과, 도덕적인 악과 물리적인 악, 자유와 숙명 그리고 터키의 갤리선에서도 노예가 느낄 수 있는 위안에 대해 논쟁하는 동안 그들은 프로폰티스의 해안에 있는 트란실바니아 군주의 집에 도착했다. 그들이 처음으로 보게 된 것은 퀴네공드와 노파가 빨랫줄에 수건들을 널고 있는 모습이었다.

그 광경에 남작의 얼굴이 창백해졌다. 인정 많은 캉디드는 아름다운 퀴네공드의 온통 그을린 피부와 핏발 선 눈, 여윈 목덜미와 주름진 뺨, 거칠고 벌건 두 팔을 보고 질색을 하며 세 걸음을

Candide....recula trois pas faifi d'horreur,
et avança enfuite par bon procédé.

Candide Chap. 2.9.e

물러섰다가 이내 예의 바른 태도를 갖추며 그녀에게 다가갔다. 퀴네공드는 캉디드와 남작을 얼싸안았고, 그들은 노파를 얼싸안았으며, 캉디드는 두 사람의 몸값을 치렀다.

인근에는 조그만 농가가 하나 있었고, 노파는 일행들의 형편이 더 나아질 때까지 그곳에서 그럭저럭 살아가자고 캉디드에게 권했다. 아무도 말해주지 않았기 때문에 퀴네공드는 자신이 추해졌다는 사실을 모르고 있었다. 그래서 그녀가 너무도 자신에 찬 목소리로 캉디드가 했던 약속을 상기시켜주었을 때 착한 그는 차마 그 말을 부인하지 못했다. 그래서 남작에게 그의 누이와 결혼할 생각임을 비추자 남작이 말했다.

"나는 내 누이가 그렇게 비천해지는 것은 견딜 수가 없네. 그리고 자네가 그렇게 건방진 짓을 하는 것도 참을 수가 없어. 이런 수치스러운 일로 내 체면을 손상시키는 일은 절대로 없을 거야. 내 누이의 자식들이 독일 귀족의 명부에 들어가지 못한다니. 안 돼. 내 누이는 반드시 제국의 남작하고만 결혼을 해야 해."

퀴네공드가 그의 발밑에 무릎을 꿇고 눈물을 흘리며 애원했지만 남작은 여전히 자기 뜻을 굽히지 않았다. 캉디드가 남작에게 말했다.

"당신은 참으로 어리석구려, 내가 당신을 갤리선에서 구해냈고, 몸값도 내주었고 당신 누이의 몸값도 내주었소. 그녀는 접시

닭이였고 매우 추하지만 겸손하게 그녀와 결혼을 하겠다고 하는 데 감히 반대를 한단 말이오? 만약 화가 나는 대로만 한다면 나는 당신을 다시 죽이고 말 것이오."

"나를 다시 죽일 수는 있겠지만, 적어도 내가 살아 있는 한 내 누이와는 절대로 결혼할 수 없을 거야."

제30장
결말

　사실 캉디드는 퀴네공드와 결혼할 마음이 없었지만 남작의 지나치게 뻔뻔한 태도에 결혼을 하기로 결심했다. 그리고 퀴네공드가 너무 강하게 요청하므로 자신의 약속을 저버릴 수도 없었다. 그는 팡글로스와 마르틴 그리고 충실한 카캄보와 상의했다. 팡글로스는 남작에게는 자기 누이에 대한 권리가 전혀 없으며, 제국의 모든 법령에 따라 그녀는 지체 낮은 캉디드와 결혼할 수 있다는 훌륭한 진정서를 작성했다. 마르틴은 남작을 바다에 내던져버려야 한다고 했다. 카캄보는 남작을 다시 갤리선 선장에게 넘겨주어 첫 번째 배편으로 로마에 있는 총회장에게 보내도록 하자고 했다. 모두들 이 의견에 찬성했으며 노파도 동의했지만 그의 누이에게는 아무 말도 하지 않았다. 그 일은 적은 돈으로 실행되었으며, 그들은 예수회 신부를 함정에 빠뜨리고 독일 남작의 오만함을 응징하는 이중의 즐거움을 누렸다.

그토록 많은 재난들을 겪고 난 후에 캉디드는 결혼을 하고 철학자 팡글로스와 철학자 마르틴, 빈틈없는 카캄보 그리고 노파와 함께 살게 되었으며, 게다가 고대 잉카의 나라에서 그렇게나 많은 다이아몬드까지 가지고 왔으므로 무척이나 행복하게 살았을 것이라고 상상하는 것이 자연스럽다. 하지만 그는 유대인들에게 너무 많은 사기를 당해 작은 농가 외엔 남은 것이 없었고, 점점 더 추해지는 그의 아내는 더욱 더 까다롭고 견딜 수 없는 사람이 되었다. 쇠약해진 노파는 퀴네공드보다 더 까다로운 사람이 되었다. 밭에서 일하면서 수확한 작물을 팔기 위해 콘스탄티노플을 오가던 카캄보는 고된 노동에 지쳐 자신의 운명을 저주했다. 팡글로스는 독일의 대학 어느 곳에서라도 두각을 나타내지 못하게 된 것에 절망에 빠져 있었다. 마르틴은 인간은 어디에서나 동등하게 불행하다고 굳게 믿고 있었으므로 모든 일들을 끈기 있게 감내하고 있었다. 캉디드와 마르틴과 팡글로스는 가끔씩 도덕과 형이상학에 관한 논쟁을 벌였다.

그들은 종종 농가의 창문 아래로 렘노스, 미틸렌 또는 에르줌으로 추방당하는 고위성직자, 고위관료, 재판소장을 가득 싣고 지나가는 배들을 보았다. 그리고 그들이 추방당한 자리를 채우기 위해 다른 고위성직자, 고위관료, 재판소장이 왔다가 그들이 다시 추방당하는 것을 보았다. 그들은 터키 정부에 바치기 위한 선물로 장대에 꽂힌 머리들을 이송해 가는 것을 보았다. 그런 광경은 더욱 잦은 토론의 이유가 되었고, 논쟁할 것이 없으면 너무 지루해 했다.

그러자 어느 날 노파가 과감하게 자신의 의견을 말했다.

"나는 어떤 것이 더 나쁜 일인지 알고 싶어요. 검둥이 해적에게 백번이나 겁탈을 당하고, 한쪽 엉덩이를 잘리고, 불가리아 병사들 사이에서 태형을 당하고, 종교재판에서 채찍질이나 교수형을 당하고, 해부를 당하고, 갤리선에서 노를 젓고, 한마디로 우리들 각자가 겪었던 모든 불행들을 모두 당하는 것과 할 일 없이 여기에서 빈둥거리는 것 중 어느 것이 더 나쁜 일일까요?"

캉디드가 말했다.

"정말 중요한 질문이로군요."

노파의 이야기는 그들 사이에 새로운 의견들을 촉발시켰다. 특히 마르틴은 인간은 우왕좌왕하는 불안감이나 무기력한 혐오의 상태에서 살도록 태어난 것이라는 결론을 내렸다. 캉디드는 그 생각에 전적으로 동의하지는 않았지만 확실하게 자기 의견을 말하지는 않았다. 팡글로스는 언제나 끔찍한 일들을 겪으며 살았다는 것은 인정했지만 일단 모든 것이 훌륭하게 이루어진다고 주장했으니 비록 더 이상은 믿지 않더라도 기존의 주장을 유지하겠다고 했다.

마르틴이 자신의 혐오스러운 원칙들을 더욱 확신하게 되고, 캉디드는 그 어느 때보다 더 머뭇거리게 되었으며, 팡글로스를 더욱 당황하게 만드는 일이 일어났다. 어느 날 그들은 농가에 도착한 파케트와 지로플레 수사의 지극히 비참한 꼴을 보게 되었던 것이다. 캉디드에게 받은 3천 피아스터를 탕진하고 헤어졌다가 화해했다가 다시 싸우게 된 그들은 감옥에 갇혔다가 도망쳐서 지로플레 수사는 결국 이슬람교도가 되었고, 파케트는 이곳저곳을 전전하며 자신의 일을 계속했지만 한푼도 벌지 못했다.

마르틴이 캉디드에게 말했다.

"당신이 준 선물은 금세 다 써버릴 것이니 그들을 더욱 비참하게 만들 뿐이라고 하지 않았습니까. 당신과 카캄보는 수백만 피아스터를 썼지만 지로플레 수사와 파케트보다 더 행복하지도 않습니다."

팡글로스가 파케트에게 말했다.

"아아! 가여운 아이야, 하늘이 너를 우리에게 다시 보냈구나. 네가 보다시피 너로 인해 나의 코끝과 한쪽 눈과 한쪽 귀를 잃었다는 것을 알고 있느냐? 너의 그 꼴은 무엇이고, 대체 이 세상은 어찌된 것이란 말이냐!"

이제 이 새로운 사건으로 그들을 그 어느 때보다 더 열띤 철학적 논쟁에 빠지게 되었다.

그 근처에는 터키 전역에서 가장 훌륭한 철학자로 존경받는 대단히 유명한 데르비시(이슬람 금욕파의 수도자)가 살고 있었다. 그들은 그의 의견을 들어보기 위해 그를 찾아갔고 팡글로스가 대표로 나서서 말을 꺼냈다.

"데르비시님, 우리는 인간과 같은 이상한 동물이 만들어진 이유를 알고 싶어 찾아왔습니다."

수도자가 말했다.

"당신들이 왜 쓸데없이 그런 일에 참견하려는 것이오? 그것이 당신들과 무슨 관계가 있겠소?"

캉디드가 말했다.

"하지만, 데르비시님. 이 세상에는 너무나도 끔찍한 악이 있습니다."

"악이 있든지 선이 있든지 그리 대수로운 일도 아니지 않소? 황제 폐하께서 이집트로 배를 보낼 때 배 위에 있는 쥐가 편안한지 아닌지를 걱정하시던가?"

"그렇다면 우리는 어떻게 해야 합니까?"

팡글로스가 묻자 데르비시가 대답했다.

"침묵을 지켜야지."

"원인과 결과, 가능한 최선의 세상, 악의 근원, 영혼의 본질, 예정조화 같은 것에 대해 당신과 논하고 싶었습니다."

그 말을 듣고 데르비시는 그들의 면전에서 문을 닫아 버렸다.

이런 대화를 나누고 있는 동안 콘스탄티노플에서 고위대신 두 명과 이슬람교 대사제가 목이 졸려 죽었으며 그들의 동료들도 기둥에 꽂혔다는 소식이 퍼졌다. 이 참변은 몇 시간 동안 큰 소란을 일으켰다. 작은 농가로 돌아오던 팡글로스와 캉디드와 마르틴은 오렌지나무 그늘 아래의 자기 집 문 앞에서 시원한 바람을 쐬고 있는 선하게 생긴 노인을 보았다. 논쟁을 좋아하는 것만큼이나 호기심도 많은 팡글로스는 노인에게 목이 졸려 죽은 이슬람교 대사제의 이름을 물어보았다. 그러자 노인이 대답했다.

"모르겠소. 대사제나 대신의 이름은 전혀 모르오. 당신이 말한 사건에 대해서도 전혀 모른다오. 공무에 관여하는 사람들은 대부분 비참하게 죽는다고 하더군. 그래야 마땅한 거지. 하지만 나는 콘스탄티노플에서 일어나는 일에 대해서는 관심을 가져본 적이 없어요. 내가 농사지은 과일을 팔기 위해 그곳에 보내는 것에 만족할 뿐이오."

그렇게 말하고 나서 그는 이방인들을 자신의 집으로 초대했다. 그의 두 아들과 두 딸은 직접 만든 여러 종류의 셔벗과 설탕에 절인 레몬 껍질을 넣은 카이막과 오렌지, 레몬, 파인애플, 피스타치오 그리고 바타비아나 아메리카 섬들의 질 나쁜 커피가 섞이지 않은 순수한 모카 커피를 내놓았다. 그런 다음 이 정직한 회교도의 두 딸은 이방인들의 수염에 향수를 뿌려주었다. 캉디드가 터키 노인에게 말했다.

"노인장께는 분명히 넓은 토지가 있을 것 같군요."

"20에이커뿐이 안됩니다. 나와 아이들이 그 땅을 경작하고 있다오. 우리의 노동은 권태와 방탕, 궁핍이라는 세 가지 커다란 악으로부터 우리를 지켜줍니다."

집으로 돌아오면서 캉디드는 그 노인의 말에 대해 깊이 생각했다. 그는 팡글로스와 마르틴에게 말했다.

"우리가 함께 저녁식사를 했던 여섯 명의 왕보다 저 정직한 노인의 형편이 훨씬 더 바람직한 것 같군요."

그러자 팡글로스가 말했다.

"만약 우리가 거의 모든 철학자들의 증언을 믿는다면, 인간의 권세는 대단히 위험한 것이지. 모아브의 왕 에글론은 에훗에게 암살당했고, 압살롬은 자신의 머리카락에 매달려 세 개의 창에 찔려 죽었고, 여로보암의 아들인 나담 왕은 바아사에게 살해되었지. 엘라 왕은 지므리에게, 아하지야 왕은 예후에게, 아달리아는 여호아다에게 살해되었고, 엘리아킴 왕과 여호아긴 왕, 마따니야 왕은 감금되었지. 자네는 크로이소스, 아스타이제스, 다리우스, 시라쿠사의 디오니시우스, 피로스, 페르세우스, 한니발, 유그르타, 아리오비스투스, 카이사르, 폼페이우스, 네로, 오토, 비텔리우스, 도미티아누스, 영국의 리처드 2세, 에드워드 2세, 헨리 4세, 리처드 3세, 메리 스튜어트, 찰스 1세 그리고 프랑스의 세 명의 앙리들과 하인리히 4세가 어떻게 죽었는지 알고 있지 않는가."

캉디드가 말했다.

"지금은 우리가 정원을 경작해야만 한다는 것도 압니다."

팡글로스가 말했다.

"자네 말이 맞네. 인간이 애초에 에덴동산에 정착하게 된 것은 그곳을 경작하기 위해서였던 것이기 때문이지. 그것은 인간이 빈둥거리기 위해 태어난 것은 아니라는 사실을 증명하는 것이기도 하지."

마르틴이 말했다.

"그렇다면 논쟁 따윈 치우고 일이나 합시다. 인생이 견뎌낼 만한 것이 되도록 하는 유일한 방법입니다."

이 작은 공동체의 사람들은 모두 각자의 다양한 능력에 따라 칭찬할 만한 이 계획을 실천에 옮겼다. 그들은 작은 땅에서 풍부한 수확을 거두었다. 사실 퀴네공드는 무척 추했지만 뛰어난 제

빵사가 되었다. 파케트는 수를 놓았고, 노파는 옷과 침구들을 관리했다. 그들은 모두 적당한 일을 했으며, 지로플레 수사도 예외는 아니었다. 그는 훌륭한 가구장이가 되었으며 매우 정직한 사람이 되었다.

팡글로스는 가끔 캉디드에게 이렇게 말했다.

"가능한 모든 최선의 세계에서는 사건들이 서로 연계되어 있다네. 만약 자네가 퀴네공드 양을 향한 사랑 때문에 그 멋진 성에서 발길에 걷어차이며 쫓겨나지 않았다면, 만약 자네가 종교재판에 넘겨지지 않았다면, 만약 자네가 걸어서 아메리카 대륙을 떠돌지 않았다면, 만약 자네가 남작을 칼로 찌르지 않았다면, 만약 자네가 엘도라도의 멋진 나라에서 가져온 양들을 몽땅 잃어버리지 않았다면, 여기에서 시트론 절임과 파스타치오를 먹고 있지 못했을 것이기 때문이지."

캉디드가 대답했다.

"모두 훌륭하신 말씀입니다. 하지만 이제는 우리의 정원을 일구어야 합니다."

부록

18세기 유럽을 지배한 사상가, 볼테르

극작가가 되고 싶었던 철학자

볼테르(Voltaire 1694~1778)는 프랑스 계몽주의 사상을 이끌어낸 핵심적인 인물이다. 또한 문학가로도 명망을 떨쳤다. 본명은 프랑수아 마리 아루에(Francois Marie Arouet)이다. 파리에서 태어났으며 아버지는 공증인으로 전형적인 부르주아 집안이었다.

시와 연극을 좋아했으나 당시 유망한 직업은 성직자 또는 법관이 되는 것이었으며, 따라서 아버지의 뜻에 따라 법과대학에 들어갔다. 그러나 법률 공부보다는 귀족들이 모여 있는 문학 살롱에 드나들면서 체제에 대한 비판을 일삼았다.

1715년 루이 14세가 죽고 루이 15세가 왕위를 계승하였다. 왕이 너무 어렸기 때문에 오를레앙의 공작 필립 2세가 섭정을 했다. 볼테르는 그의 섭정을 비방하는 시를 썼다가 바스티유 감옥에 수감된다.(많은 정치인들이 수감된 바스티유 감옥은 훗날 프랑스 혁명의 시발점이 된다.)

볼테르는 17~18세기 봉건주의 사회에서 시민 사회로 넘어가는 시기에 인간의 보편적 가치를 주장한 대표적인 계몽주의 사상가이다.

수감 생활 동안 볼테르라는 필명으로 집필한 희곡 《오이디푸스》(1718)(정치적 종교적 절대주의를 비판)와 시 《라 앙리아드》가 큰 성공을 거두어 출옥 후 극작가로서 명성을 얻게 되었다. 그러나 우연한 사건에 휘말리게 된다.

1726년 어느 귀족이 볼테르를 향해 "드 볼테르 씨, 아루에 씨(볼테르의 본명) 당신의 이름은 뭐요?"라고 물었다. 이것은 볼테르의 명성을 못마땅하게 생각하여 '드(de)'를 붙여 귀족인 것처럼 허세를 부린다며 경멸한 것이었다. 볼테르는 "내 이름은 대단하지 않습니다. 그러나 나는 최소한 내 이름을 명예롭게 할 수는 있습니다."라고 대꾸해 주었다. 화가 난 귀족이 하인들을 시켜 볼테르를 구타하게 했다.

이 사건으로 볼테르가 귀족에게 결투를 신청했으나 평민 신분으로 귀족에게 대들었다는 이유로 바스티유 감옥에 다시 수감되었다. 결국 볼테르는 영국으로 추방되는 조건으로 다시 석방되었다.

'볼테르의 시대'와 프랑스 혁명

영국으로 건너간 볼테르는 그곳에서 3년여 머물면서, 영국의 정치 체제를 연구할 수 있었으며 자신의 철학 사상도 체계화했다. 당시 영국은 명예혁명 이후, 의회가 왕권을 견제할 수 있었으며, 시민 의식이 높아지고 있었기 때문에 정치적으로, 사상적으로 학문 활동이 자유로 웠다.

존 로크(John Locke 1632~1704)의 사상과 뉴턴(Isaac Newton 1642~1727)의 과학 정신에 영향을 받은 볼테르는 영국에서의 경험을 정리하였다. 이것은 훗날 《철학서간》이라는 제목으로 출간된다.

프랑스로부터 사면을 받은 볼테르는 1729년 프랑스로 돌아올 수 있었다. 그러나 프랑스 국회에 의해 《철학서간》이 금서로 지목되어 불태워졌으며, 그의 신변도 위험해졌다.

다행스럽게 이 시기에 애인이며 후원자인 샤틀레(Chatelet) 후작 부인을 만나게 된다. 그녀는 당시로서는 드물었던 지적인 여성으로 라이프니츠와 뉴턴의 사상을 프랑스에 소개할 정도로 과학과 철학에 관심이 높았다. 프랑스 계몽주의 사상의 발전에 상당한 영향을 끼친 여성이다. 그녀는 볼테르를 자신의 성에 머물게 하여 신변 보호와 함께 15여 년간 저술과 연구 활동을 후원했다.

볼테르의 저서가 유명해지자 프랑스 당국도 그를 사면하여 1746년 프랑스 아카데미의 회원으로 선출했다. 또한 볼테르의 영향을 받은

볼테르를 후원한 샤틀레 후작 부인.

프로이센의 프리드리히 2세(Friedrich II)도 그를 초청했다. 대왕은 자신의 궁정을 유럽에서 정치적, 사상적으로 영향력 있는 곳으로 만들려는 원대한 야망을 가지고 있었다.

볼테르는 이 대왕이 훗날 계몽군주가 될 수 있다고 희망했다. 플라톤이 시라쿠사의 디오니시오스 2세를 통해 이상 국가를 실현하고자 했던 역할을 자신이 할 수 있다고 생각한 것이었다. 볼테르는 프로이센의 궁정에서 후한 대접을 받으며 아카데미 학자들과 교류했다. 역사서《루이 14세》를 이곳에서 완성하기도 했다.

그러나 대왕은 자신의 나라에서는 여전히 전제군주였기 때문에 볼테르와 사상적 대립은 불가피했다. 아카데미에 초청된 프랑스 수학자, 모페르튀이(Maupertuis 1698~1759)와의 논쟁 등으로 상황이 악화되어 결국 프로이센을 떠나야 했지만 조국인 프랑스에서도 볼테르를 거부하여 돌아갈 수 없었다.

볼테르는 프랑스와 스위스의 접경 근처 곳곳에 거처를 마련하여 옮겨 다녔으며, 1758년에 마침내 국경 근처 페르네에 정착할 수 있었다. 이곳에서 머무는 동안 볼테르는 드니 디드로(Denis Diderot 1713~1784)를 비롯한 프랑스 계몽주의 학자들과 함께 《백과전서》 편찬에 참여했다. 그 외에도 여러 편의 시와 희곡, 소설 등을 발표했으며, 극장을 세우고 자신의 작품을 극에 올리기도 했다.

그의 희곡을 비롯하여 계몽주의 사상가로서의 볼테르의 명성이 높아지자 페르네는 유럽의 중심지가 되어 갔다. 계몽군주를 비롯하여 학자, 귀족, 종교인, 지식인들이 볼테르를 찾아 페르네에 몰려들었기 때문이다. 이 시기를 '볼테르의 시대'라고 말하기도 한다.

1774년 루이 15세가 사망하고 4년 후, 1778년 볼테르는 83세의 나이로 자신의 희극 《이렌》을 무대에 올리기 위해 파리로 귀환했다. 이때 수많은 파리 시민들이 이 계몽주의 철학자를 열렬히 환영했다. 그러나 그해 5월에 생을 마감했으며, 그 다음해인 1779년에 프랑스 대혁명이 일어났다.

'톨레랑스(관용의 정신)'의 실천을 강조한 철학자

페르네에 머물던 시절, 볼테르는 '페르네의 장로'라고 불릴 정도로 가톨릭의 종교적 박해에 대한 비판에 앞장섰다. 그는 종교적 신념보다는 과학적 사고를 기반으로 한 인간의 이성을 강조했기 때문에 계몽주의 철학자라 말한다.

인간의 육체와 정신을 분리하는 데카르트의 이원론에 공감한 볼테르는 신과 영혼의 불멸, 또는 내세를 절대시하는 기독교적 신학에 대해, 종교적으로도 사회적으로도 인간 개개인의 자유와 평등이 보장되어야 한다고 주장했다.

그는 이신론(理神論)자로서 신의 존재와 근거를 인간의 이성으로 인식할 수 있는 부분까지 받아들이는 합리적인 종교관을 이상으로 삼았다. 즉 신을 만물의 창조자로 인정하지만, 계시나 기적 같은 것은 거부했다.

당시 프랑스는 루터의 종교 개혁 이후 신교와 가톨릭 사이의 종교적 대립이 지속되는 가운데, 페르네 부근의 프랑스 도시 툴루즈에서 '칼라스'라는 신교도가 형벌을 받은 사건이 일어났다.

1761년 칼라스의 큰아들이 목을 매어 자살을 하게 되자, 가톨릭 신도들 사이에 칼라스가 가톨릭으로 개종하려는 아들을 죽였다는 누명을 씌웠다. 살인에 대한 증거가 하나도 밝혀지지 않았는데 신교도를 증오하고 있던 사람들에 의해 칼라스는 고문을 당하고 참혹한 거열형에 처해졌다.

볼테르는 맹목적인 종교적 억압에 대한 이 사건의 부당성을 상세하게 정리하여 파리의 재판소에 고발했다. 불관용과 종교적 광신에 대해 공격한 것이다. 그의 실천적인 행동은 3년여 만에 결국 칼라스의 무죄와 복권을 이끌어냈으며 칼라스의 사건은 전 유럽에 알려지게 되었다.

그러나 신교와 가톨릭 사이의 종교적 박해와 갈등은 여전히 지속되었다. 볼테르는 《관용론(Tolerance)》(1763년)을 집필하여 종교적인 모순, 맹목적인 신앙으로 빚어지는 폭력성은 인류에게 불행만 가져다줄 뿐이므로, 타인의 종교, 사상을 인정하는 관용의 실천을 주장했다. 이후 여러 사상가들도 관용론에 동참하였으며 장 자크 루소(Jean Jacques Rousseau 1712~1778)도 자신의 저서 《사회계약론》에서 종교적 불관용의 폐해에 대해 비판했다. 오늘날 '관용과 표현의 자유'는 민주주의 이념의 근간이다.

《캉디드 또는 낙관주의(Candide, ou l'optimisme)》(1759)

순수한 청년 '캉디드'의 삶의 여정을 그린 소설이다. 또는 철학적 콩트로 분류되기도 한다. 화자가 이야기하듯 대화의 형식으로 진행되며, 속도감 있는 짧은 문체 안에 볼테르 특유의 풍자, 은유, 해학으로 철학적 메시지를 담고 있기 때문이다.

부조리한 시대에 대한 비판적 시각을 드러내어 17~18세기 유럽 사회에 철학적 담론을 일으킨 문제작으로도 유명하다. 부제 '낙관주의'에서 알 수 있듯이, 장 자크 루소와 라이프니츠의 예정조화설로 상징되는 낙관주의를 풍자한다.

볼테르는 프랑스의 계몽사상가 루소가 인간의 본성은 원래 선하게 태어났으나, 인간이 악행이 저지르는 것은 사회가 만들어놓은 문명 때문이라며 '자연으로 돌아가라'고 주장한 것에 대해 인간의 본성에 대한 '장밋빛 낙관론'이라는 비판에 동조한다.

또한 라이프니츠가 그의 저서 《단자론》에서 '우주 질서는 신에 의해 미리 예정되어 있으며, '모든 사람에게 최적의 가능한 세상'으로 규정되어 있다는 주장도 전혀 동의하지 않는다.

볼테르는 마치 열병에 걸린 사람처럼 엄청난 양의 저서를 집필한 것으로 유명하다. 특히 《캉디드》는 사흘만에 완성한 소설이었다고 한다. 아침에 눈을 뜨자마자 떠오르는 생각들을 비서를 불러, 받아쓰게 할 정도로 글쓰기에 몰두하는 성격이었다. 한번 쓰기 시작하면 끝을 내고, 인쇄까지 마쳐야 했다고 한다.

그는 집필도 노동의 일종이라고 생각했다. 노동이야말로 가난, 어려움, 나태로부터 벗어나는 최고의 선이라는 그의 철학 사상이 《캉디드》에 집약되어 있다.

볼테르는 자신의 생존을 위해서 저술 활동 외에 주식 투자, 사업 등으로 재산을 축적했기 때문에 비판을 받기도 했다. 하지만 철학자가 경제적으로 독립하지 못하면 누군가에게 종속된다고 생각했다. 《캉디드》에는 이러한 볼테르의 인생 여정이 상징적으로 투영되어 있다.

부록 2: 볼테르의 사상과 저서

이성적 비판과 관용의 정신

뉴턴의 과학과 로크의 자연권을 결합하다

영국에서 머물던 볼테르는 물리학자 아이작 뉴턴(Isaac Newton 1642~1727)의 과학 정신과 영국 의회주의의 근간이 된 존 로크의 자연권 사상을 바탕으로 자신의 철학 체계를 만들어 나갔다.

볼테르는 과학은 우주의 만물이 '자연법'의 지배를 받는다는 것을 증명하는 것이라고 생각했다. 또한 인간에게는 천성적으로 부여받은 '자연권'이 있다는 로크의 견해에 동의했다.

데카르트, 로크 그리고 뉴턴의 과학적 사고를 접합한 볼테르의 사상은 계몽주의 철학의 핵심이 된다. 즉 인간의 본성과 사회의 관계를 탐구하는 혁명적인 사상의 근간이었다.

계몽주의는 인간의 이성을 존중하고, 이성에 의한 인류의 진보를 주장한다. 과학이 아닌 무지와 미신을 거부하고 인간의 이성에 상반된 제도와 관습을 개혁할 것을 주장하기 때문에 기존의 종교적 세계관을 부정한다는 이유로 무신론자라는 공격을 받았다.

《철학서간》

볼테르는 인간들이 종교적 사고에
서 벗어나 과학적 사고로 전환해야 한
다고 확신했다. 종교 생활보다 정치제
도, 교육 등의 개혁이 필요하다고 생각
했으며, 1734년 이러한 사상을 정리하
여 출간한 것이《철학서간》이다. 이 책
은 '구체제에 던져진 최초의 폭탄'이라
고 평가될 정도로 프랑스 시민들에게
혁명을 꿈꾸게 했다.

영국에서의 3년 동안의 체험을 편지
형식으로 기술한 것으로 총 25편이며,

《철학서간》 표지(1735년)

주제는 종교, 정치와 문화, 철학과 과학, 문학과 예술이다. 종래의 편
견을 비판하고 새로운 지식을 전달하려는 계몽적인 교과서라고 할 수
있다.

영국의 과학 철학이 계몽정신을 이끌어가는 데 중요한 역할을 했
다고 주장한 반면에 합리적 이성의 기초를 세운 데카르트에 대해서는

233

비판했다.

　데카르트가 말한 '세상에는 변하지는 않는 절대적인 진리가 있다'는 것에 대해 신과 봉건체제를 연관시키는 사람들이 있었기 때문이다. 데카르트를 비난하고 영국을 찬양하고 프랑스를 비하했다는 이유로 프랑스 당국에 의해 금서 조치를 당했다.

《백과전서》

　《철학서간》이 프랑스 당국으로부터 금서 조치가 내려지자 볼테르는 스위스와 프랑스를 전전하여 활동했다. 스위스에 머무는 동안에 볼테르는 드니 디드로의 《백과전서》(1751~1780) 간행에 참여했다. 이 책은 프랑스 계몽주의를 상징하는 저술로써, 루소와 몽테스키외를 비롯하여 160여명의 계몽주의 사상가들이 공동으로 집필한 것이다.

　볼테르는 《백과전서》 간행에 함께 참여한 루소에게 많은 영향을 끼쳤다. 루소는 볼테르보다 8살 정도 어렸다. 두 사람은 처음에는 가까웠다. 그러나 많은 부분에서 열렬한 논쟁을 벌일 정도로 견해 차이를 보였다.

　즉 '자연으로 돌아가라'는 루소의 이념에 대해 아주 과민하게 반응한 볼테르는 '인간을 향해 짐승처럼 네 발로 걷고 야만인처럼 행동하라고 부추긴다'며 조롱했다.

볼테르는 루소가 주장한 순수한 자연상태의 인간은 불가능하다고 보았다. 인간은 사회적 동물이므로 로크의 자연권에 따라 각 개인의 생명, 자유, 소유를 국가 제도 안에서 보장되어야 한다고 생각했다.

루소와 볼테르의 사상적 대립은 1759년 볼테르가 철학소설《캉디드》를 출판하면서 극에 달했다. 루소와 라이프니츠의 낙관주의를 신랄하게 비판했기 때문이다.

프랑스의 《백과전서》 표지.

볼테르의 역사서

루이 15세의 궁정에서 역사 편찬관으로 임명되었을 때부터 역사서 집필을 시작한 볼테르는《샤를 12세》《루이 14세》《러시아사》《각 민족의 풍습과 정신에 대한 연구(풍속시론)》 등등의 역사서를 다루었다. 진정한 역사는 그 시대의 사상이 녹아 있어야 하며, 우화와 같은 이야기들이 뒤섞여 있는 것을 걸러내야 한다고 보았다.

역사는 신의 개입으로 진행되는 것이 아니고 철저하게 자연을 따르며, 인간의 이성에 의해 변화된다는 것이다. 그에 의히먼 종교란 인류의 문화 중의 한 가지일 뿐이다. 이것은 기독교 중심의 역사관에 반대하는 것이었다.

볼테르는 유대 민족의 역사 외에 고대 중국, 인도, 페르시아의 역사를 고찰하며 특히 중국의 역사가 우월하다고 강조하기도 했다. 이로 인해 유럽인들을 비롯하여 성직자들의 박해를 받아야 했다. 볼테르에 의해 '역사철학'이라는 개념이 시작되었다고 할 수 있다.

볼테르의 희곡 《오이디푸스》(1718년)

그리스의 비극작가, 소포클레스의 작품 《오이디푸스》을 원형으로 하여 변형된 작품이다. 신탁에 의해 친아버지를 살해할 운명을 타고난 오이디푸스 이야기에는 인간은 어쩔 수 없는 운명에 휘말리는 비참한 존재라는 의미가 있다. 볼테르는 이 비극에 등장하는 예언자를 성직자와 비교하며, '신탁이나 맹목적인 신앙'을 비판한다.

고트프리트 라이프니츠(Gottifried W. Leibniz 1646~1716)

종교와 정치의 조화를 시도한 철학자

1646년 7월 1일 독일의 라이프지이에서 태어났다. 라틴어를 독학으로 공부하고 라이프치히 대학에서 법학을 전공했지만, 뉘른베르크의 알트도르프 대학으로 학교를 옮겼다.

마인츠 영주와 대주교의 정치적 고문으로 활동했으며, 하노버 궁의 초청을 받아 하노버 왕가의 자문으로 일했다. 외교사절로 다양한 활동을 하면서 학술원 원장을 맡아 학술 연구를 병행했다. 따라서 데카르트와 스피노자의 세상과 단절된 철학과 대비되기도 한다.

당시 유럽은 중세를 대표하는 아리스토텔레스의 목적론 철학과 데카르트의 기계론 철학이 대립하며 새로운 근대사상이 싹트고 있었다. 라이프니츠는 자신의 철학적 목적을 이러한 관념들의 종합에 두었으며 궁극적으로는 기독교의 종교적 통합과 유럽의 정치적 통합을 시도하려 했다.

따라서 그의 학문 연구는 정치와 외교를 포함하여 수학, 물리학, 역학, 지질학, 광물학, 법학, 경제학, 언어학, 역사학, 신학 등 광범위하게 진행되었다.

특히 수학 분야에서 획기적으로 미적분학의 방법을, 물리학에서는 에너지 보존의 법칙을 발견했다. 그러나 미적분의 최초 발견에 대해 뉴턴과 그의 추종자들과 오랫동안 논쟁에 휘말리기도 했다.

모나드론

라이프니츠는 학문 연구를 위해 유럽의 많은 학자들과 수많은 서신을 교류했기 때문에 여러 논문들이 존재하지만, 그의 철학 사상을 체계적으로 서술한 대표 저작은 별로 없다. 다만 두 개의 짧은 저서가 있는데, 《모나드론(Monadologie)》과 《이성에 기초한 자연과 은총의 원리》이다.

라이프니츠는 《모나드론》에서 세계에 존재하는 무수한 실체를 주체의 관점에서 정의했다. 즉 실체는 단 하나로서 불가분의 것이며, 스스로 생명력을 지니고 있으며, 자신의 목적을 가지고 있다는 것이다. 그리고 전 우주는 궁극적으로는 이 '모나드(단자)'로 구성되었다고 보았다.

각각의 독립적이고 서로 관계가 없는 모나드가 상호존재하며 궁극적으로 세계의 통일을 형성하는 것은 신에 의해 미리 예정된 '예정조화'라고 주장했다.

라이프니츠는 이런 주체를 아리스토텔레스에 의해 규정된 엔텔레케이아로 불렀다. 엔텔레케이아는 어떤 유기체가 태어날 때부터 가지고 있는 자신의 고유한 목적을 실현한다는 의미에서 완성태 또는 힘이라고 말한다.

라이프니츠에게 이 세상은 신에 의해 규정된 '모든 사람에게 최적의 가능한 세상'이었다. 비록 이 세상에 어느 정도의 결함은 필연적으로 있을 수밖에 없는데, 정신적 죄악과 육체적 죄악은 불완전한 인간들이 저지른 결과이며, 이 인간들은 부족한 이해력 탓으로 자신들의 자유의지를 최상의 방법으로 사용하지 못한 것이다.

즉 어떤 악은 '최적의 가능한 세상'이 성립하기 위해 피치 못하게 존재한다는 것이다. 이것은 마치 용기나 도덕과 같은 미덕이 그와 대비되는 위협이나 악덕이 없다면 의미를 잃어버리거나 아예 존재의 의미조차 없는 것과 같은 이치이다. 신은 '최적 가능한' 해답을 얻기 위해 선과 악 사이에 오묘한 균형을 맞춰야만 했다는 것이다.

르네 데카르트(René Descartes 1596~1650)

보편적 학문의 완성을 추구한 근대 철학의 아버지

1596년 프랑스 투렌의 부유한 신흥귀족 가문에서 태어났다. 10살 무렵 라 플레슈 성에 있는 예수회 교단의 학교에서 스콜라 철학을 기반으로 한 고전, 수학 등을 공부하고 프와티에 대학에서 법학을 전공했다. 데카르트가 교육받은 스콜라 철학은 아리스토텔레스의 학문 체계를 기반으로 한다. 17세기 모든 지식인에게는 이것이 진리였다. 그러나 데카르트는 기독교 신학을 근간으로 한 이 학문에 대해 의문을 품게 되었다.

본래는 법률가의 길을 가려고 했으나 보편적 학문의 진리를 정립하겠다는 목표를 세운 그는 유럽의 여러 나라를 여행하며 '세계라는 위대한 책'을 경험해 갔다. 유럽을 휩쓴 30년 전쟁 기간 동안 네덜란드와 독일의 군대에서 전쟁에 참여했으며, 1619년 독일 남부의 도시 울름에서 꿈을 통해 철학적 계시를 받은 것 같은 독특한 경험을 하게 되는데 이것이 새로운 삶을 지향하는 계기가 되었다.

1620년부터 사상적으로 자유로운 네덜란드에서 외부와 격리된 채 자신만의 철학세계를 추구했다. 20여년간 수학, 물리학, 기상학, 기하학 등 다방면의 연구에 몰두한다. '나는 모든 것을 의심하지 않을 수 없다. 따라서 내 사유는 그러한 의심에서 출발하지 않으면 안 되었다'고 말하며 기독교 신학과 이성을 분리하여 이 세계의 질서를 증명할 수 있는 새로운 학문을 증명해 보이고자 했다.

데카르트의 연구 성과는 1637년에 출판된 《방법서설》에서 '나는 생각한다. 그러므로 존재한다'라는 명제에 집약되었다. 이 명제는 신앙과 이성을 구분하는 근대 철학의 시발점이 되었다.

그러나 지동설을 주장하는 갈릴레오 갈릴레이에게 로마 교황청이 이단으로 판결하는 시대였다(1633년), 기독교의 철학과 근대 과학 사이에 충돌이 예견되는 시기였으므로 데카르트에게도 무신론자라는 비난이 쏟아졌다.

1649년 스웨덴의 크리스티나 여왕의 초청으로 스톡홀름으로 건너가 여왕을 위해 새벽 철학 강의를 했으나, 북유럽의 차가운 기후를 견디지 못하고 폐렴에 걸려 1650년 사망했다.

데카르트는 수학에서도 놀라운 업적을 남겼는데, 그의 이름을 딴 '데카르트 좌표계'는 수학에 있어 혁명적인 발견으로 인정되고 있다. 데카르트의 좌표계는 현대에 이르기까지 일상생활 곳곳에서 응용되고 있다. 그 외에 주요 저서로《정신지도를 위한 규칙》《성찰》《철학의 원리》《정념론》 등이 있다.

《방법서설》과 데카르트의 사상

데카르트에게 철학은 '보편적 학문'으로 불리는 모든 것이다. 따라서 그의 연구는 수학을 비롯하여 자연과학, 즉 물리학, 광학, 기하학, 생리학에 이르기까지 광범위했다. 그는 모든 분야에서 진실하지 못하다고 인식되는 것은 진리로 받아들이지 않았다. 확실하게 증명된 것만을 확신하겠다는 것은 과학정신의 특징이며, 이러한 학문의 방법은 뉴턴을 비롯한 과학자들에게 영향을 끼쳤다.

1637년 발표된《방법서설》은 '이성을 올바르게 이끌고, 학문에서 진리를 찾는 방법에 관한 이야기'라는 부제가 붙어 있다. 철학적 이론서라기보다는 자신의 삶을 고백하는 독창적인 형식이다. 그러나 부록에는 굴절광학, 기상학, 기하학 등 자연과학에 대한 논문을 수록했다.

《방법서설》에서 데카르트가 제시한 학문의 방법은 '수학처럼 분명하고 명확하게 드러나는 진리만을 인정해야 하는데 그러기 위해서는 모든 것을 의심해 보아야 한다'고 주장한다. 이것을 방법론적 회의라 말한다.

인간의 믿음에서 보거나, 듣거나, 느낀 감각적 경험을 제외하고 사물을 직시하면 진리에 도달할 수 있다는 데카르트의 합리론이다.

그러나 모든 진리 중에서 절대 의심할 수 없는 하나의 명제가 있는데 '나는 생각한다. 그러므로 존재한다(Cogito ergo sum;코기토 에르고 숨)'라는 원리이다.

'나는 존재한다'는 인식의 출발은 인간의 종교적 권위로부터 벗어나 스스로 이성의 순서에 따라 합리적으로 사물을 인식한다는 것을 의미한다. 이후 《방법서설》은 지식인들 사이에서 가장 논쟁적으로 거론되면서 데카르트의 명성은 높아졌다.

데카르트의 이원론

내가 생각한다는 것은 의심할 수 없이 내가 존재한다는 것을 의미한다고 주장한 데카르트는, 인간 정신의 존재를 의심할 수 없으나, 육체의 존재는 의심할 수 있다는 결론을 내렸다. 정신(영혼)과 육체를 별개로 보는 이원론적 관점을 제기한 것이다. 육체를 정신에 조정당하는 하나의 기계로 바라보는 데카르트의 기계론적 세계관은 이후 수많은 사상가들과 과학자들에게 철학적 과제가 되었다. 또한 인간의 몸에 대한 의학적 연구가 활발해지는 계기가 되었다.

존 로크(John Locke, 1632~1704)

17세기 유럽의 정치체제를 개척한 혁명적 사상가

1632년 잉글랜드 남서부 서머싯에서 태어났다. 1647년에 웨스트민스터 학교에 들어갔으며, 1652년 옥스퍼드 크라이스트처치 칼리지로 진학했다. 1658년 석사학위를 받은 후 졸업 후에는 옥스퍼드 연구직으로 일했다.

로크는 성직자로서의 삶은 거부했지만 국교회 신학서적을 자주 읽었으며 로마 가톨릭교도와 비국교도 간의 논쟁에서 영국 국교회를 옹호하는 입장을 갖고 있었다.

고전 학문 외에 자연과학과 의학에 관심이 많아 로버트 보일, 아이작 뉴턴과 학문적 교류를 나누었다. 1666년 입헌군주제, 시민적 자유, 종교적 관용을 옹호하는 당대의 정치가 애슐리 경의 주치의가 되었으며, 이 일을 계기로 잉글랜드 정치에 관심을 갖게 되었다.

훗날 새프츠베리 백작이 된 애슐리 경이 반역죄로 몰려 네덜란드로

망명하게 되자, 1683년 로크도 네덜란드로 망명했다.

명예혁명으로 제임스 2세가 쫓겨난 후 1689년 영국으로 다시 돌아왔다. 주요 공직 자리를 제의받았으나 거절하고 말년에 조용히 저술 활동에 몰두했다. 1704년《통치론》의 저자임을 밝히는 유언장을 남기고 사망했다. 그외 주요 저서로《인간오성론》《관용에 관한 편지》등이 있다.

근대 시민 사회로의 출발점을 제시하다

16~17세기 유럽의 절대 왕권의 정치체제 아래에서 신민은 무조건 자신의 왕에게 복종해야 했다. 그러나 로크는 타고날 때부터 정해져 세습되고 있는 왕권과 사회계급을 부정하며 자연상태에서 모든 인간은 평등하다는 '자연법'을 주장했다.

자연상태는 자연법이 지배하는 평화로운 상태이며, 그 안에서 모든 인간에게는 자신의 자유와 평등, 재산을 보호할 권리가 주어졌으며, 이것은 신으로부터 주어진 것으로 누구도 침해할 수 없는 것이라고 규정한다.

그러나 자연상태에서는 불평등과 갈등이 야기될 수 있기 때문에 계약을 통해 공동체를 형성할 수 있다고 보았다. 각 개인들이 자발적으로 계약에 참여함으로써 공동체(즉 국가)가 성립할 수 있는 것이다.

이것이 사회계약설에 의해 정부 또는 국가가 성립된다는 것을 말한다. 정부(또는 통치자)는 시민들로부터 계약을 통해 권리를 위임받게 되는 것이다. 이러한 로크의 사상은 근대 시민의 탄생과 민주주의 기초가 되었다는 점에서 고전적 자유주의라고 말한다. 그의 사상은 영국의 명예혁명, 프랑스 대혁명, 미국 독립선언의 이론적 기반이 되었다.

《통치론》에 대하여

로크가 《통치론》을 집필한 시기와 동기에 대해 여러 주장들이 제기되었는데, 찰스 2세 시절 새프츠베리 백작의 비서로 일하는 동안 구상했을 것으로 여겨지고 있다.

잉글랜드의 정치적 상황이 절대왕정 시대에서 근대 시민 사회로 전환되는 변혁기에 의회주의자 새프츠베리의 정치적 활동에 많이 관여했기 때문이다. 따라서 실제로는 명예혁명 이전에 완성되었으나, 명예혁명 이후에 출간하여 혁명의 정당성을 이론적으로 뒷받침했다.

《통치론(Two Treatises of Government)》은 정부에 관한 두 개의 논문으로 구성되어 있다. 두 논문 중에서 제1논문(The First Treatises of Government)은 왕권신수설과 절대왕정의 합법성을 극단적으로 주장하는 로버트 필머를 비판한다. 로버트 필머(1589~1653)는 로크의 후원자였던 새프츠베리 백작이 국왕의 축출을 시도하자, 그에 맞서 《가부장권론》을 출판했다. 시민 혹은 의회의 왕권 통제라는 개념에 맞서 왕권신수설을 옹호했다. 왕권이란 신의 선물로 아담에게 수여된 것이고, 아담의 직계 상속자로서 군주들에게 자연히 세습되는 것이라고 주장했기 때문이다.

제2논문(The Second Treatises of Civil Government)에서는 자신의 정치이론을 펼친다. 《통치론》은 대부분 '제2논문'을 지칭한다. 내용은 시민정부의 올바른 기원과 목적, 통치권력이 정당성을 상실했을 때 시민들이 취할 수 있는 저항권 등에 대한 것이다. 인간에게 주어진 천부의 자연권에서부터, 사회계약론, 소유권, 정부의 형태, 시민의 서항권에 이르기까지 로크의 자유주의적 정치철학을 기술하고 있다.

장 자크 루소(Jean-Jacques Rousseau 1712~1778)

자연권을 기반으로
자유와 평등의 사회를 주장하다

1712년 스위스 제네바에서 가난한 시계 공의 아들로 태어났다. 어머니가 그를 낳고 며칠 만에 사망하여 일찍부터 친척집을 전전하며 자랐다. 공교육은 거의 받지 못한 상태로 조각가 밑에서 도제생활을 했다.

1728년 16살 때 새로운 삶을 꿈꾸며 제네바를 떠나 한동안 주변 시골을 방랑했다. 이때 농민들의 비참한 삶을 체험하게 되었으며, 한편으로는 자연에 눈뜨는 계기가 되었다. 이후 도보 여행을 즐겼던 루소는 훗날 이 시기가 세상에 대해 눈뜨게 해주는 소중한 경험이었다고 고백한다.

가톨릭 교구 신부의 추천으로 루소의 생애에 가장 큰 영향을 끼친 바랑(Warens) 남작 부인을 만난다. 그녀는 루소에게 어머니이며, 연인과도 같은 존재였다. 그녀의 후원으로 독학으로 철학, 문학, 음악 등을 섭렵하여 지적 성장을 하게 된다. 이때 볼테르의 서시를 기의 모두 읽었다고 한다.

1941년 바랑부인과 헤어진 후 루소는 파리로 왔다. 아무 연고도 없었기 때문에 가정교사 등의 일을 하면서 파리의 유력 인사들과 교류할 기회를 갖게 되었다. 이곳에서 에피네(Epinay)부인의 후원을 받게 되고 디드로를 만나면서 파리의 지식인 그룹에 합류한다. 볼테르를 비롯하여 몽테스키외 등과 함께《백과전서》의 편집에 참여하는 등 계몽주의 사상들과 함께 급진적인 개혁론을 펼치게 된다.

디종 아카데미의 현상 논문에서 최고상을 받다

루소가 사상가로서의 입지를 굳히게 된 것은 1750년 디종의 아카데미 현상 논문에서 '학예론'으로 최고상을 받게 된 이후이다. '학예론'에서 루소는 인간이 자연과 교감을 하며 살았을 때는 선하고 행복했지만, 사회와 문명의 발전은 인간을 도덕적으로 타락시키고 있다는 그의 주된 생각을 그려내고 있다.

루소의 사상은 두 번째 논문인《인간불평등기원론》(1755)을 통해 한층 발전된다. 루소는 인간이 왜 불평등하게 되었는지 그 기원에 대해 질문하며, 불평등이 자연법에 의해 정당화될 수 있는지에 대해 의문을 제기했다. 인간의 불평등을 자연적인 것과 인위적 것으로 구분하고, 인위적인 불평등에 주목했다. 신분제도와 사유재산제도를 당연하게 여기고 있던 당시 사람들에게는 혁명적 사상이었다.

앞선 사상가였던 홉스, 로크와는 달리 루소에게 인간은 본래 선하고 자유로운 존재이다. 그러나 인간이 악하게 변하는 것은 자연의 산물이라기보다 사회의 산물이라고 진단했다. 이후《정치경제론》과《언어의 기원》등을 발표하면서 주목을 받기 시작했으나, 한편으로는 '백과전서파'와 견해 차이를 보였다.

특히 1758년 '달랑베르에게 보내는 연극에 관한 편지'에서 제네바에서 연극이 상연되는 극장이 사람들을 타락시키며 시민들의 도덕성에 악영향을 비친다고 맹렬하게 비난했다. 이후 디드로와 절교 상태에 이르게 된다.

희곡으로 명성을 얻은 볼테르도 연극의 목적은 계몽이며, 종교적 광신에 대항할 수 있는 수단으로 생각했기 때문에 루소와 견해 차이를 보였다. 1759년 볼테르는 루소의 '섭리에 관한 편지'에 대한 반박으로《캉디드》를 발표했다.

이후 루소는 파리를 떠나 에피네 부인의 영지, 몽모랑 시에 머물며 저술활동에 열중했다. 서간체 연애소설인《신 엘로이즈》(자족적인 가족 세계의 생성과 붕괴를 다루었다)와 소설 형식으로 쓴 교육계몽서인《에밀》과《사회계약론》을 집필했다.

《신 엘로이즈》(1760)는 파리와 제네바에서 대성공을 거두었다. 아이러니하게도 이 소설은 계몽주의 사상의 본질인 이성과 대립하는 낭

만주의 문학이 발전하는데 큰 영향을 끼쳤나. 세네비 깅ㅋ회의에서는 이 책이 불온하다고 생각했다.

금서가 된《사회계약론》과《에밀》

1762년에 발표된《사회계약론》과《에밀》은 루소의 사상이 집약되어 있는 대표적인 저서이다. 18세기 유럽을 '루소 열풍'에 빠져들게 할 정도였다.《에밀》에서는 자연에 가까운 이상적인 교육으로 새로운 교육체제의 모범을 제시했으며,《사회계약론》에서는 시민주권론에 의한 공화정치 체제를 주장했다.

루소는 국가의 건설에 있어서 홉스와 로크의 주장처럼 사회계약론을 제시했다. 개인이 자신의 생명과 신체 그리고 재산을 포함한 자신의 권력을 사회공동체에 맡긴다. 그리고 공동체로부터 보호받을 권리를 갖게 된다. 각 개인은 법을 만드는 주권자이면서 동시 그 법에 복종하는 시민이 되는 것이다. 이때 시민은 자신의 자유와 주권을 결코 포기하지 않는다. 누구에게도 양보될 수 없는 '주권'이라는 의지는 근대 시민사회의 핵심적 주제가 되었다.

《에밀》에서는 인간에게 기독교 교리가 필요한 것이 아니고 '자연에 가까운 교육'이 필요하다고 주장했다. 결국 왕과 귀족계급 그리고 종교집단에 의해 루소의 저서는 금서처분이 내려졌다.

루소는 차츰 파리의 주류사회와 단절되고 제네바, 영국 등을 전전하며 피해망상에 시달리기도 했다. 또한 자신의 자식들을 고아원에 보낸 것 때문에 엄청난 비난에 시달렸다. 만년에는 거의 자연에 파묻혀 살면서 《고백론》 《대화록―루소는 장 자크를 심판한다》 등을 집필하여 자신의 도덕적 실수를 고백한다.

1778년 루소가 세상을 떠난 후 《사회계약론》에서 루소가 펼친 자유, 평등, 주권 사상은 프랑스 대혁명(1789~1794)과 미국 독립선언(1776년)의 사상적 원동력이 되어 근대 민주주의 이념의 기틀이 되었다. 1794년 루소의 유해는 프랑스 역사에서 위대한 인물을 모셔 놓은 파리의 '팡테온'으로 옮겨졌다.

■ 볼테르의 연보

1694년 11월 21일 프랑스 파리에서 태어났다. 아버지 프랑수아 아루에
　　　　(Francois Arouet)는 공증인이었다.

1704년 예수회가 운영하는 루이 르 그랑 학교 입학.

1701년 어머니가 돌아가신 후, 대부였던 샤토뇌프 신부에게 의지. 신부
　　　　와 함께 자유사상가들의 모임인 '탕플(Temple)'에 드나들며 문학,
　　　　연극 등에 관심을 갖게 되었다.

1711년 루이 르 그랑 학교 졸업. 법률 공부 시작.

1715년 9월 1일 루이 14세 서거 후 오를레앙 공의 섭정 시작.

1717년 5월 오를레앙 공의 섭정을 풍자하는 시를 썼다는 죄목으로 바스
　　　　티유 감옥에 투옥.

1718년 11월 '볼테르'라는 필명으로 감옥에서 완성한 연극 《오이디푸스》
　　　　가 대성공을 거두며 극작가로 명성이 높아졌다.(아루에Arouet 라
　　　　는 평민의 성을 버리고 '드 볼테르 씨(M. de Voltaire)'가 되었다.

1722년 1월 아버지 프랑수아 아루에 사망.

1726년 1월 명문 귀족 슈발리에 드 로앙과 사소한 싸움에 휘말려 결투를
  신청했으나 귀족에게 불손했다는 이유로 바스티유 감옥에 투옥.
  5월 영국으로 추방되는 조건으로 석방. 프랑스 귀족 사회의 부조
  리에 분노.
1726~1728년 영국 망명 생활. 영국의 주류 사상가들과 교류하며 존 로
  크와 뉴턴의 사상에 영향을 받았다.
1728년 서사시《라 앙리아드》출간
1729년 프랑스로 귀국.
1732년 연극《자이르》상연. 대성공을 거두다.
1731년 스웨덴 국왕 카를 12세의 전기《카를 12세》출간.
1734년《영국인에 관한 편지 혹은 철학서간》을 출간. 프랑스 당국에 의
  해 금서 조치와 체포 영장이 발부되자, 7월 샤틀레 부인의 영지
  시레로 피신. 이후 15여년 동안 머물다.
1735년 3월 파리 귀환 허가.
1736년 8월 프로이센의 프리드리히 2세와 서신 교환 시작.

1737년 영국의 과학에 대해 정리한 《뉴턴 철학의 요소들》 출간. 《루이 14세》의 집필 시작.

1740년 11월 프리드리히 2세의 초대로 베를린에 체류. 12월 오스트리아 왕위 계승 전쟁 발발.

1745년 2월 프랑스 왕세자의 결혼 축하공연으로 베르사유 궁전에서 《나바르의 공주》를 초연. 퐁파두르 부인의 추천으로 프랑스 궁전의 역사 편찬관으로 임명.

1746년 4월 아카데미 프랑세즈의 회원으로 선출됨.

1747년 6월 철학 콩트 《자디그》 출간.

1749년 샤틀레 후작부인 사망.

1750년 6월 프리드리히 2세의 초청을 받아 프로이센으로 가다. 베를린 아카데미의 원장이자 프랑스의 수학자인 모페르튀이와 학문적 문제로 논쟁.

1751년 역사 연구서 《루이 14세》 출간.

1752년 12월 철학 콩트 《미크로메가스》 출간.

1753년 3월 26일 프리드리히 2세와의 불화로 프로이센을 떠나 여행 중
이었으나 프리드리히 2세에 의해 프랑크푸르트에서 연금당하다.
루이 15세 역시 볼테르의 파리 귀환을 거부.

1755년 8월 연극《중국 고아》파리 상연. 11월 리스본 대지진.

1756년 문명과 풍속의 보편적 역사를 다룬 저서《풍속시론》출간.

1758년 프랑스와 스위스 국경 가까이에 있는 페르네에 정착. 대표작《캉
디드 또는 낙관주의》집필.

1759년 1월《캉디드 또는 낙관주의》출간. 파리고등법원이《백과전서》
에서 볼테르가 쓴 '자연법'을 금서목록에 추가.

1762년 칼라스 사건의 탄핵 운동

1763년 2월 '7년 전쟁' 종식. 12월 '칼라스 사건'의 소산인《관용론》출간.

1775년 크라메르 출판사에서《볼테르 전집》출간.

1778년 2월 10일《이렌》의 리허설을 참관하기 위해 28년 만에 파리로
귀환하였으나 5월 30일 사망. 샹파뉴의 셀리에르 수도원 묘지에
안치.

1791년 프랑스 혁명기인 7월에 파리의 팡테옹으로 이장.